教育部人文社会科学研究青年项目"中美经贸摩擦影响研究"（20YJC790031）资助

贸易摩擦

对中国双向 FDI 互动发展的影响研究

龚梦琪 ◎ 著

中国财经出版传媒集团

经济科学出版社

Economic Science Press

·北 京·

图书在版编目（CIP）数据

贸易摩擦对中国双向 FDI 互动发展的影响研究/龚梦琪著. -- 北京：经济科学出版社，2023.9
ISBN 978 - 7 - 5218 - 5109 - 0

Ⅰ.①贸… Ⅱ.①龚… Ⅲ.①国际贸易-国际争端-影响-外商直接投资-研究-中国②国际贸易-国际争端-影响-对外投资-直接投资-研究-中国 Ⅳ.①F832.6

中国国家版本馆 CIP 数据核字（2023）第 175419 号

责任编辑：顾瑞兰　陈修洁
责任校对：李　建
责任印制：邱　天

贸易摩擦对中国 FDI 互动发展的影响研究
MAOYI MOCA DUI ZHONGGUO SHUANGXIANG
FDI HUDONG FAZHAN DE YINGXIANG YANJIU

龚梦琪　著

经济科学出版社出版、发行　新华书店经销
社址：北京市海淀区阜成路甲 28 号　邮编：100142
总编部电话：010-88191217　发行部电话：010-88191522
网址：www.esp.com.cn
电子邮箱：esp@ esp.com.cn
天猫网店：经济科学出版社旗舰店
网址：http://jjkxcbs.tmall.com
固安华明印业有限公司印装
710×1000　16 开　11.5 印张　200000 字
2023 年 9 月第 1 版　2023 年 9 月第 1 次印刷
ISBN 978 - 7 - 5218 - 5109 - 0　定价：60.00 元
（图书出现印装问题，本社负责调换。电话：010 - 88191545）
（版权所有　侵权必究　打击盗版　举报热线：010 - 88191661
QQ：2242791300　营销中心电话：010 - 88191537
电子邮箱：dbts@ esp.com.cn）

前　言

随着经济全球化和贸易自由化的迅速发展，国际贸易和国际直接投资的联系日益紧密，呈现出贸易投资一体化的趋势，与之有关的贸易摩擦也从贸易领域扩展到了双向投资领域。但是，随着我国对外开放进入双边投资新时代，投资角色也由"吸引外资"逐渐向"引进来"和"走出去"均衡发展转变。因此，贸易摩擦对双向投资的影响不能仅局限于外商直接投资（inward foreign direct investment，IFDI）或对外直接投资（outward foreign direct investment，OFDI），还应考虑其对双向FDI互动发展的影响。本书借鉴格罗斯曼和克鲁格（Grossman and Krueger，1991）的做法，将贸易摩擦的影响归纳为规模效应、结构效应和技术效应三种，并深入探究贸易摩擦如何通过这三种效应影响中国双向FDI互动发展。

首先，本书系统梳理了贸易摩擦与中国双向FDI互动发展的理论基础。贸易摩擦理论分为贸易保护理论、贸易摩擦的微观经济分析、贸易摩擦的宏观经济分析以及贸易摩擦的政治经济学分析，国际直接投资理论主要包括早期国际直接投资理论、发达国家对外直接投资理论和发展中国家对外直接投资理论，为后文的实证研究奠定了理论基础。其次，本书系统地分析了中国贸易摩擦的发展历程、现状、成因和必然性，中国IFDI和OFDI的发展历程和现状，中国双向FDI互动发展的历程和现状，贸易摩擦与中国双向FDI互动发展的经验关系，由此揭示贸易摩擦及中国双向FDI的特征和存在的问题。最后，采用理论和实证研究的方法，对贸易摩擦影响中国双向FDI互动发展的规模效应、结构效应和技术效应三个层面进行分析。第一，从规模效应视角，利用中国制造业22个行业2003~2020年的面板数据，实证分析了贸易摩擦通过规模效应对双向 FDI 互动发展水平的影响，将制造业双向 FDI 互动发展水平作为被解释变量，制造业贸易摩擦、制造业贸易摩擦与经济发展水平的交互项作为核心解释变量，衡量贸易摩擦如何通过规模效应影响制造业双向 FDI 互动发展水平。并在异质性分析中考察了不同贸易摩擦发展阶段、不同双向 FDI 互动发展水平和不同经济规模下贸易摩擦通过规模效应对双向 FDI 互动发展水平的影响。第二，从结构效应视角，将产业结构高度化分解为技术结构高度化、劳动结构高度化和收入结构高度化三个层面。在实证模型中引入了反倾销与技术结构高度化的交互项、反倾销与劳动结构高度化的交互项、反倾销与收入结构高度化的交互项，以反映技术结构、劳动结构和收入结构对反倾销与中国双向 FDI 互动发展之间的调节效应。并在异质性检验中对不同产业结构水平、双向 FDI 互动发展水平以及时间区间通过结构效应影响双向 FDI 互动发展进行了分析。第三，从技术效应视角，将贸易摩擦引发的技术效应分解为技术引进、技术模仿和技术创新三种。使用技术引进经费支出、技术改造经费支出、研究与发展经费内部支出占主营业务收入的比重衡量技术引进、技术模仿和技术创新。在实证模型中引入技术引进、技术模仿和技术创新与贸易摩擦的交互项，以反映技术效应在贸易摩擦和中国双向 FDI 互动发展的调节效应。并在异质性检验中，分析了技术进步路径选择的异质性、双向 FDI 互动发展程度的异质性和不同发展阶段中贸易摩擦对制造业双向 FDI 互动发展影响的异质性。

在本书的撰写过程中，感谢王龙乐、王璐璇、张玮珂、范昕、阮裕鹏、岳章等同学的参与。感谢经济科学出版社的顾瑞兰编辑，她为本书的出版倾注了大量心血，没有她的敬业付出，本书至今可能尚在襁褓之中，在此表示深深的感谢。还要感谢我亲爱的家人，你们一直以来的关心与支持是我前行的最大动力。

由于作者学识有限，本书缺点和谬误在所难免，敬请读者不吝赐教、批评指正。

龚梦琪

2023 年 7 月

目　录

 第一章

绪　论

第一节　研究背景及意义

一、研究背景

2020 年 5 月，中央政治局常务委员会议首次提出"国内国际双循环新发展格局"。随后，政府会议及相关文件对"双循环"概念多次作出进一步阐释。党的二十大报告也明确指出"坚持高水平对外开放，加快构建以国内大循环为主体、国内国际双循环相互促进的新发展格局"。因此，构建"以国内大循环为主体、国内国际双循环相互促进的新发展格局"，是新形势下重塑我国国际合作和竞争新优势的战略抉择。其中，外商直接投资（inward foreign direct investment，IFDI）与对外直接投资（outward foreign direct investment，OFDI）作为连接国内外市场两种资源的有效途径，不仅对促进国际大循环具有重要作用，还影响着国内经济发展、技术提升、产业结构升级等多个方面。随着"双循环"战略的持续推进，我国贸易救济立案的被起诉量逐渐增加，而且我国在贸易救济措施立案中的被起诉量远大于申诉量，这在一定程度上表明我国正承受着较大的贸易摩擦风险。现在和未来的某一时期，我国将仍然处于贸易摩擦持续动荡期，利用双向投资面临的机遇与挑战都有新的发展变化。因此，要探究贸易摩擦对双向 FDI 互动发展的影响，需要聚焦于相关背景，具体如下。

国际投资环境日趋复杂。2008 年国际金融危机之后，由于增长动力不足、全球经济治理滞后、分配机制有失公允等诸多原因，全球经济复苏缓慢，国际市场需求低迷。全球经济整体增速的放缓，进一步增加了世界经济的不稳定因素，形成了恶性循环，使得全球资本流动放缓。金融危机导致全球外商直接投资呈现下降趋势，尽管近年来有所恢复，联合国贸发会议（UNCTAD）《2022 世界投资报告》显示，截至 2021 年，全球外商直接投资额仅 1.65 万亿美元。这种局面也使世界各国都在采取措施，单边主义、保护主义蔓延，跨境投资审查趋严，世界进入动荡变革期，全球产业链供应链面临重塑，本土化、区域化、多元化趋势加强。

国内双向投资发展迅速。一方面，"引进来"进入高质量阶段。从改革开放零的突破开始，到 20 世纪 90 年代初，跨国公司开始在中国进行较大规模的投资，《中国外商投资发展报告（2022）》数据显示，截至 2021 年底，中国外商直接投资企业累计达 95 万家，中国外商直接投资从 2000 年的 407.2 亿美元增加到 2021 年的 1809.6 亿美元，增幅超过 55%，年度使用外商投资额稳居世界第二位，十年累计使用外商直接投资超过 1.2 万亿美元。外商投资结构逐步升级，外资质量和水平显著提高。另一方面，"走出去"不断突破，实现了从无到有不断突破的新局面。根据商务部发布的《2021 年度中国对外直接投资统计公报》，对外直接投资额从 2000 年的 9.16 亿美元增加到 2021 年的 1788.2 亿美元，且连续十年位列全球前三。到 2015 年对外直接投资首次超过外商直接投资，并且在 2016 年达到峰值 1260 亿美元，连续三年实现双向直接投资的资本净输出，这标志着中国进入了对外投资发展的新阶段。

双向 FDI 规模逐步平衡。自"一带一路"倡议提出，同时开始实施自由贸易区发展战略以来，我国对外开放水平进入了双边投资新时代，投资角色由"吸引外资"逐渐向"双向投资"转变，"引进来"和"走出去"朝着均衡的水平发展。国际投资的双向流动正加速资源、技术、人力等生产要素实现优化配置。从双向 FDI 的互动发展来看，两者初期呈现平行增长的趋势，但随着中国 OFDI 在全球的影响力持续扩大，中国的双向 FDI 流量之比已走向均势阶段，IFDI 与 OFDI 之间的同步增长特征越来越明显，双向 FDI 流量比（IFDI：OFDI）从 2000 年"44.45：1"演变到当前双向 FDI 比例围绕着 1 波动，双边投资规模基本相当。

贸易摩擦在华呈现常态化。随着国际形势的新变化，尤其是我国加入世界贸易组织以来，频繁受到贸易摩擦的冲击，且已连续多年成为全球遭受反倾销、反补贴贸易摩擦最多的国家。根据商务部贸易救济局数据统计（见表 1-1），2000 年至今，中国企业总共被发起反倾销调查 1396 起，占全球反倾销案件总数的 28.00%，连续 23 年成为世界上遭遇反倾销最多的国家；反补贴调查 200 起，占全球反补贴案件总数的 35.97%。此外，在这些贸易救济类型的分布中，反倾销占 68.46%，反补贴占 9.81%。从中可以看出，"双反"所占比重超过 75%，俨然成为当前贸易救济的主要措施，这也是引起国家之间贸易摩擦的重要原因。在对中国实施双反的国家中，中国得到肯定性裁决的比例明显高于其他国家，且被征收的反倾销税也更高。因此，贸易摩擦在我国呈现常态化、长期化、复杂化趋势，不仅对我国出口产品贸易规模和结构造成较大影响，还使得跨国企业在全球的产业布局进行被动调整。

表 1-1　　　　　　　2000~2022 年全球贸易救济案件类型分布

类型	中国（起）	世界（起）	占比（%）
反倾销	1396	4975	28.00
反补贴	200	556	35.97
保障措施	355	418	84.93
特别保障措施	88	88	100.00

资料来源：中国贸易信息救济网。

贸易摩擦与双向 FDI 日益紧密。随着经济全球化和贸易自由化的迅速发展，国际贸易和直接投资的联系日益紧密，呈现出投资贸易一体化的趋势，与之有关的贸易摩擦也从贸易领域扩展到了双向投资领域。若将我国双向 FDI 的流量变化与遭受的"双反"调查案件数量置于同一图中，不难发现两者存在显著的相关性。如图 1-1 所示，2000~2009 年伴随"双反"案件量的增长，我国 IFDI 与 OFDI 总体上也呈现攀升的趋势，特别是在2005~2008 年两者的相关性最为明显。受 2008 年全球金融危机的影响，

2010 年世界贸易陷入了低谷，我国遭受的"双反"摩擦也因此减少。但是一年后，针对中国的"双反"调查再度增多，至 2016 年以总量 114 起创历史新高。与此同时，我国双向 FDI 呈现出与先前截然不同的现象，OFDI 远高于 IFDI，并且均达到改革开放以来的最大值。之后随着"双反"摩擦的减少，我国双向 FDI 均呈现了回落的趋势。就此而言，我国遭遇的贸易摩擦与 IFDI 和 OFDI 之间存在一种动态平行的趋势。

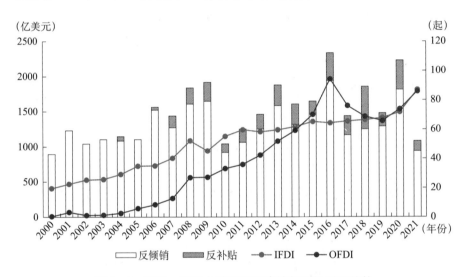

图 1 - 1　2000 ~ 2021 年我国贸易摩擦与双向 FDI 趋势

资料来源：中国贸易信息救济网、中华人民共和国国家统计局。

在全球贸易保护主义盛行、贸易摩擦不断加剧的背景下，我国对外直接投资与外商直接投资呈何种态势？存在怎样的互动关系？是否彼此间相辅相成协调发展？贸易摩擦持续升级对中国双向 FDI 互动发展有何影响，以及影响因素是哪些？如何实现"引进来"与"走出去"并进以增强对经济增长的贡献？基于以上问题，本书深入探究贸易摩擦对双向 FDI 的互动影响具有重要的研究意义。

二、研究意义

本书在整合分析贸易摩擦、双向 FDI 相关研究的基础上，根据全球贸易摩擦持续升级、我国面临加快推进双向 FDI 互动发展的现实,借鉴了格罗斯曼和克鲁格(Grossman and Krueger,1991)的做法,将贸易摩擦的影响归纳为规模效应、结构效应和技术效应三种。本书从规模效应、结构效应和技术效应三个层面来考察贸易摩擦对我国双向 FDI 互动发展的影响,并在此基础上提出继续深化双向投资的政策建议,这对中国进一步对外开放具有重要理论意义和现实意义。

(一)理论意义

第一,现有的文献多为 IFDI 和 OFDI 对地区经济层面的研究以及影响两者因素的单线研究,有关双向 FDI 之间互动发展的研究较少,聚焦贸易摩擦背景的相关研究更少。而双向 FDI 发展作为现阶段中国对外开放新格局的重要组成、贸易关系的重要表现形式,同时也是当前国际贸易理论研究的新课题,其内在机埋与理论体系需要不断完善。因此,在贸易摩擦背景下研究中国双向 FDI 的互动发展,不仅是对当前双向 FDI 互动发展研究领域的有效补充,而且有助于理解当前我国贸易摩擦的本质。

第二,本书试图深入分析贸易摩擦对中国双向 FDI 互动发展的影响机制,从规模效应、结构效应和技术效应三个层面构建贸易摩擦影响中国双向 FDI 互动发展的分析框架,保证了机制分析的系统性和充分性。并构建面板数据模型进行实证检验,探讨贸易摩擦和中国双向投资之间的内在联系,同时结合当前国际形势。不仅丰富了现有的理论研究脉络,还对双向直接投资如何发展、"引进来"与"走出去"如何布局提供有益的理论启示。

第三,发展了邓宁(Dunning)的投资发展路径理论。邓宁的投资发展路径理论主要研究了对外直接投资净额与经济发展之间的关系,但并未考虑到双向 FDI 之间的互动发展效应。随着各国经济的快速发展,双向 FDI 也呈迅猛增加的趋势,两者之间的互动发展特征越来越明显,逐渐成为发展中大国经济增长的新特点。而现有的国际直接投资理论并未有效解释 IFDI 和 OFDI 之间的互动发展机制以及对当前贸易背景的影响。本书则从贸易摩擦背景出发,综合考虑 IFDI 流入和 OFDI 流出之间的互动关系,丰富了传统的投资发展路径理论。

（二）现实意义

第一，现阶段我国正处在产业升级、经济转型的关键时期，贸易摩擦在我国又呈现常态化、长期化、复杂化的趋势，仅仅依靠贸易提升我国经济发展水平远远不够，还需要借用双向直接投资的经济效益，保持双边直接投资合作平稳发展。因此，本书探讨贸易摩擦对我国双向 FDI 互动关系的影响，从中找出使我国企业双向直接投资行稳致远的方法。从短期来看，该方法对深化"一带一路"建设、坚持"引进来"与"走出去"并重起到了推动作用；从长期来看，对我国构建和完善应对外部冲击的体制机制、减少国际经济环境不确定性和缓解贸易摩擦所带来的利益受损提供了现实路径。

第二，随着引进外商直接投资与进行对外直接投资的差额逐渐缩小，兼顾"引进来"和"走出去"已经成为我国需要长期坚持的路线。在开放型经济模式下，外商直接投资和对外直接投资都是产业结构升级、扩大产业规模以及提升产业技术的有效途径。本书从规模效应、结构效应和技术效应三个层面深入剖析贸易摩擦对中国双向 FDI 互动发展的影响。这为我国探索如何以东道国和投资国的双重身份，积极实施"引进来"和"走出去"战略，充分发挥了国际直接投资优势，为推动产业规模、结构、技术优化升级提供重要的现实依据，同时为中国从不同层面找到培育"引进来"和"走出去"并重的国际经济合作新优势提供政策借鉴。

第三，当前，尽管我国在经济总量上已经成为全球第二大经济体，但在很多领域仍处在"大而不强"的阶段。尤其是制造业还面临着核心技术不多、创新能力不足等问题。贸易摩擦给中国带来的影响已经从低端制造业转向高端技术产品，而这些高端技术产品正是"中国制造2025"的转型升级方向。因此，本书的研究有助于从双向 FDI 的角度找到促进中国打破制造业"低端锁定"的路径，为打破"低端锁定"与跨越"世界加工厂"发展阶段的政策部署和实施发挥重要的作用。

第二节　文献综述

传统的贸易摩擦主要指关税，当一个国家或地区运用关税政策保护国内低效率的产业时，被加征关税的出口国为了报复也开始征收关税，就会产生贸易摩擦。蒙代尔（Mundell，1957）最早将关税纳入 H－O－S 模型，认为当征收关税时，一国或地区将会通过国际资本流动替代减少的贸易，而国际资本流动的主要形式是外商直接投资和对外直接投资。因此，当贸易摩擦产生时，可能会对一国的双向 FDI 产生影响。早期基于外商直接投资和对外直接投资之间关系的研究主要是从单向的"外商直接投资→对外直接投资"或者"对外直接投资→外商直接投资"的角度进行展开，而基于外商直接投资和对外直接投资互动发展的角度进行分析的研究较少，考察贸易摩擦对二者互动发展影响的研究更是缺乏，但是此视角对正确认识国际贸易关系却十分重要。因此，本书的文献梳理将从以下几方面展开：第一，贸易摩擦的研究；第二，外商直接投资和对外直接投资关系的研究；第三，贸易摩擦影响外商直接投资或对外直接投资关系的研究。

一、贸易摩擦的研究

现阶段针对贸易摩擦的研究较多为定性分析，下面将从贸易摩擦发生的类型、贸易摩擦发生的原因、贸易摩擦所带来的经济效益以及贸易摩擦的化解路径方面进行分析。

（一）贸易摩擦的类型

当前，贸易摩擦的类型大致可以概括为两大类：一类是因关税引起的贸易摩擦，这类摩擦称为传统国际贸易摩擦；另一类是因非关税隐性因素引起的贸易摩擦，称为现代国际贸易摩擦。

传统型国际贸易摩擦都是以关税为主。约翰逊（Johnson，1954）认为，国家之间的贸易政策具有一定的依赖性，当一个国家追求最大化的关税效应时，其他国家也同样追求最大化的关税利益，这便形成了现实的贸易摩擦，使得两国均遭受一定的损失。斯特姆（Stem，1973）指出，一定的关税手段会导致贸易摩擦，并进一步分析了配额、自愿和强制性配额限制、其他非关税措施因素对贸易摩擦的作用。

现代国际贸易摩擦大多为非关税壁垒措施。巴伦（Baron，1997）指出，一国企业利用其本土优势，控制国内分销商等垄断措施来对自己进行保护，最终造成了贸易摩擦。卡斯特纳和鲍威尔（Kastner and Powell，2002）对由海关检查措施而引发的贸易摩擦进行了探讨。斯特姆（Sturm，2006）对以保护为目的的技术标准而引发贸易摩擦机制及效应进行分析。伯特雷诺兹（Reynolds，2006）分析了反倾销保护引起的贸易摩擦；谢尔曼和埃利亚松（Sherman and Eliasson，2006）探讨了保障措施、反补贴措施、301 和特别 301 条款等各种合法措施引起的贸易摩擦。

（二）贸易摩擦产生的原因

关于国际贸易摩擦产生的原因，本书将相关文献按照尹翔硕等（2007）的分类方法分为三类，下面我们依次评析相关文献。

一是贸易摩擦不可避免。这一类的文献表明，由于国家之间的体制、习惯、风俗以及对贸易认识的差异，导致了贸易摩擦不可避免地发生。兰登（Langdon，1983）在对美、日两国之间的贸易摩擦进行了分析后，认为美、日两国之间的消费理念、经济体制、风俗习惯等方面的差异是造成贸易摩擦的原因。鲍恩（Bown，2002）、格林内尔和佩雷利（Grinols and Perrelli，2002）认为，贸易摩擦是一个随机波动出现的过程，随着双边贸易量的增大而增大，除此之外，贸易争端诉求、制裁与反制裁手段也会随着两国贸易条件的变化而变化。塞缪尔森（Samulson，2004）认为，发展中国家和发达国家之间的国际贸易，一开始是互惠互利的，但是，如果发展中国家在原来不具有比较优势的行业中对生产力进行了大幅度的提高，那么发展中国家的经济利益将会得到极大的提升，而发达国家的利益将会被永久性地损害，因此，贸易摩擦便不可避免了。于铁流和李秉祥（2004）

认为，中美之间的贸易失衡是由于美国对中国技术密集度的限制所致，因此，中国应当在理解美国政治经济运行机理的基础上，通过更积极的出口和海外投资策略，以应对不可避免的贸易摩擦。柳剑平和张兴泉（2011）提出，消费结构差异、工业规模差异和对外直接投资差异将不可避免地引发中美贸易摩擦，并提出通过减小中美产业结构差异，可以有效地提升中美产业内贸易，以及逐渐降低中美两个国家的贸易摩擦。姜团（2014）提出，美国贸易赤字加剧了中美之间的贸易摩擦，并在一定的情况下，对中美之间的政治、经济关系产生了影响。

二是贸易保护引致摩擦。该类文献认为，当一个国家通过某种贸易政策和措施来保护自己的国家时，另一个国家则会采取某种形式的报复性措施来消除贸易壁垒，从而导致了一系列的贸易摩擦。吉松（Yoshimatsu，2002）通过对日本与中国在全球经济一体化条件下发生贸易摩擦的动因进行分析，得出其最大的动因是对自身利益的保护，而这一动因的大小与两国的产业同质性成正比。鲍恩（Bown，2004）基于保护主义引发的贸易纠纷的实证分析，表明贸易失衡会引发贸易纠纷，同时各国的报复心态与竞争战略会影响各国的贸易政策制定。斯特姆（Sturm，2006）指出，为保护本国产业，进口国往往会制定更高的标准，而出口国家则倾向于制定更宽松的标准，由此引发了一系列的贸易摩擦。王宾容和王久乐（2016）指出，以传统比较优势理论为核心的国际分工格局被打破，各国倾向于以本国的产业安全为基础，在此之上追求高利润并且对产业结构进行了重组，这就造成了国际上的产业结构趋于一致，各国之间的产品竞争也随之加强，从而引发了频繁的国际贸易摩擦。王孝松和陈燕（2023）指出，近年来新的贸易摩擦形式不断涌现，虽然其类型和成因多种多样，但其本质都是贸易保护主义。

三是利益集团和企业的政治经济行为导致贸易摩擦。20世纪90年代后的文献都提到了政治行为和政治决策在贸易摩擦中的决定性作用，这是由于单纯从国家整体福利角度的研究已不能说明政府挑起争端的动因。按照国际贸易理论，贸易是一个双赢的正和博弈过程，贸易摩擦和贸易保护不应该成为国家利益最大化的选择。这时，更多的研究转向了政府决策过程分析，指出政治游说等因素是贸易摩擦产生的一个重要原因。格罗斯曼和赫尔普曼（Grossman and Helpman，1994）指出，利益集团应向政府提供适当的政治捐献以换取贸易政策保护，并使其自身利益最大化，政府则制定合理的贸易政策，使政治利益与社会总福利的加权值最大。格罗斯曼和赫尔普曼（Grossman and Helpman，1995）通过非合作的关税博弈模型研究大国间贸易争端，指出国内利益集团与政府间的战略互动、国内利益集团与政治环境导致了各国政府之间的贸易争端。格莫瑞和鲍莫尔（Gomory and Baumol，2000）认为，贸易关系发展到一定阶段，两国就会出于本国利益的目的进入冲突区，因此，一国生产能力一旦得到提高势必会导致贸易对象国家的总体福利减少，进而就会发生贸易摩擦。李和马（Lee and Mah，2003）认为，国际贸易失衡将导致贸易摩擦，而导致贸易摩擦的不仅是经济方面的因素，还需要考虑相关的政治因素。吴韧强和刘海云（2009）也表明，当两国处于垄断竞争时，会促使两国政府对两国之间的产业内贸易进行政策调整，调整幅度根据"最优进出口关税"波动。而相关的政治利益将会引发贸易战，使得政府对于政治捐献的偏好增加，相关产品的竞争力增强，从而使得贸易摩擦进一步恶化。周喆和王孝松（2013）通过对美、日和美、中两国之间的贸易摩擦形式、特点和原因的研究，剖析其背后的政治原因，并结合日本在处理美国问题上的成功案例，为中国提供相应的对策和建议。王孝松和谢申祥（2013）通过对中、印两国贸易摩擦的微观机理的分析，发现印度政府在作出反倾销关税决定时，显然受到了其自身利益团体的政治力量的影响，并存在向中国施压和谋求在双方贸易战中占据上风的动机。

（三）贸易摩擦的经济效应

关于贸易摩擦的经济效应，现有文献大致可以分为四类，即贸易摩擦对宏观经济发展的影响、贸易摩擦对金融市场风险的影响、贸易摩擦对劳动力就业难的影响、贸易摩擦对其他方面的影响。

贸易摩擦对宏观经济发展的影响方面。有关贸易摩擦是否影响宏观经济的发展一直倍受关注。大部分研究认为，贸易摩擦对宏观经济存在负面影响（李春顶等，2018；樊海潮和张丽娜，2018）。于换军和毛日昇（2019）以中美两国之间的贸易关系为例，指出贸易作为中国经济发展的主要推动力，中美两国之间的贸易摩擦必然会给中国带来不利的影响。除此之外，还有一部分学者指出，贸易摩擦对宏观经济的影响并不是完全负面的。周政宁和史新鹭（2019）运用 GTAP 动态模型分析了贸易摩擦对中、美两个国家的宏观经济以及相关行业的影响。研究结果表明，短期内中国的农业、轻工业将会受到积极的影响，其他行业则会遭受消极的影响；但长远来看，除了农业，中国的其他行业都将受到积极的影响。

贸易摩擦对金融市场风险的影响方面。已有研究表明，贸易摩擦会对金融市场造成不利影响，并会使金融市场的风险等级明显提升。方意等（2019）利用事件研究方法考察中美两国的贸易摩擦对中国股市、债市、汇市的影响，结果表明，在短时间内贸易摩擦会导致各个金融市场的风险增加，并且会导致跨市场风险传染。和文佳等（2019）基于改进的事件研究法，考查了中美贸易摩擦对中国银行业、证券业和保险业系统性风险影响的水平效应和趋势效应，发现中美贸易摩擦影响各金融行业系统性风险的水平效应较弱，但趋势效应较强，趋势效应比水平效应更加持久。于恩锋（2019）运用事件分析方法，针对中美两国之间的贸易摩擦对股市的影响进行了实证分析，结果表明，在两国之间的交易中，存在着"现值效应"与"传染效应"，即当双方发生贸易摩擦时，已征收关税的公司股价将会大幅下降，同时，投资人的悲观情绪也会波及没有征收关税的公司，使得没有征收关税的公司股价也随之下降。

贸易摩擦对劳动力市场就业的影响方面。一般认为，贸易摩擦会对宏观经济以及微观企业造成不利影响。马丁等（Martin et al.，2014）提出，中美贸易失衡导致美国制造业减弱了其带动就业的能力。李计和吴青（2018）指出，贸易摩擦会明显地降低劳动力市场的就业率。段炳德（2018）通过对中美两国贸易摩擦影响中国制造业的就业情况进行分析，结果表明，在美国采取贸易威胁措施的情况下，由于中国对美出口的下降，中国制造业因此损失超过 20 万个就业岗位。陆建兵（2019）也表示，由于美国对我国的出口征收较高的关税，使我国有关产业的交易费用大大提高，一些小规模、抗风险能力较差的公司，为了缓解其企业的成本压力，不得不削减他们的工作岗位。事实上，上述研究结果已经有了一定的现实依据。以华南师范大学人力资源研究所为例，中美两国之间的贸易争端，已经对广东各大、中型公司的员工数量产生了相当显著的影响。也有一些学者认为，从目前来看，中美两国之间的贸易摩擦并没有对我国的就业产生显著的不利影响。蔡宏波和徐美云（2018）认为，中美两国之间的贸易摩擦尚未对我国的就业产生明显的影响，尤其是对中小型企业的影响，尚需进一步的研究和分析。

此外，也有一些研究从社会福利、对外投资、物价水平、国际秩序等角度对贸易摩擦产生的经济效应进行了分析。社会福利层面，樊海潮和张丽娜（2018）通过对中美两个国家之间的中间产品贸易与数量关系进行分析，结果表明，由于中间产品贸易的相关影响，当中美两国发生贸易摩擦后，双方的福利水平都出现了下降，且相对于美国而言，我国的福利水平对这种影响的反应更为剧烈。段相域（2020）认为，中美经贸摩擦会导致美国贸易逆差总额进一步扩大，民众生活质量降低，社会整体福利减少。对外投资方面，李猛和于津平（2013）利用 90 多个国家的跨国数据，发现贸易壁垒对中国对外直接投资具有双重效应：一是空间效应，即对中国实施贸易壁垒的国家会显著引发中国对该国的直接投资；二是时间效应，即贸易壁垒实施五年至七年后将显著诱发中国对外直接投资。物价水平方面，张前荣（2018）通过对中美两国之间的贸易摩擦进行测度，结果表明，若美国对中国产品征收 25% 的关税，则其对中国产品价格的上升将带动中国产品价格指数上升 0.14 个百分点，但整体效果并不明显，且不会形成通货膨胀的压力。国际秩序方面，张帆（2019）认为，在国家层面，中美贸易摩擦不仅会影响两国的经济，也会动摇目前的国际经济秩序。

（四）贸易摩擦的化解路径

在贸易摩擦的化解路径上，相关文献主要研究中国如何应对出口贸易中的贸易摩擦问题。这些文献大多从政府和企业两个方面来提出应对策略。

从政府角度看，巴克和拉夫（Bac and Raff，1997）分析了国家之间协调和让步解决贸易摩擦的可行性，并构造了一个关税贸易摩擦模型，假定贸易双方在不完全信息条件下无限次地重复博弈。结果表明，如果双方的贸易收入折现率很高，并且贸易量不大，就比较容易进行贸易协调。即使贸易摩擦双方都对贸易收益持悲观态度，贸易让步还是能够达成。但文章分析的前提是贸易双方的博弈过程是无数次的重复博弈，即双边贸易会一直持续下去，这样双方才会为了长期的巨大贸易利益而采取妥协对策。巴伦（Baron，1997）也详细分析了贸易双方政府之间谈判和协商解决贸易摩擦的问题。他指出，政府间的谈判均衡是一个纳什博弈的结果，双方的谈判技巧、在谈判中的地位以及贸易对于双方重要性的程度决定着均衡点的位置。如果一国出口和经济发展严重依赖于另一国或者是处于贸易顺差国地位，它在谈判中就会处于不利地位，反之相反。于钦流、李秉祥（2004）强调了处理贸易摩擦时安抚政策的重要性，如适时采用政府采购并注意改善相互之间的贸易关系等措施，往往能够起到较好的效果。张琼（2017）提出，中国在国内应该采取相应的政策措施，进一步加速向开放型经济的转变；在国际上，加快建立全球价值链体系，提高我们在国际上"价值链"中的地位，逐步从一个被动的状态走向主动。吴光宇（2018）通过分析中美经贸摩擦的诱因和主要表现，提出中美两国应该建立贸易磋商交流机制，管控两国贸易分歧；建立"三位一体"贸易摩擦预警机制，规避两国贸易壁垒；设立中美贸易摩擦专项基金，完善行业协会职能；借助 WTO 争端解决机制，减少中美贸易摩擦。史长宽（2019）通过分析贸易摩擦不断加剧的外部环境和我国产业结构急需升级的内部需求，从政策导向、科技创新、"一带一路"建设三个维度入手采取相应的对策。李侨敏和王晓岭（2021）认为，通过采取相应的政策措施，可以有效地减少贸易摩擦对我国经济的冲击，除相应的政策措施外还需要内外结合，使我国的外商投资得到稳定发展的同时推进国内经济高质量的发展。李俊江和韩江雪（2022）认为，在处理对外贸易关系时，应根据具体情况制定有序的贸易政策。

从企业的角度看，谢尔曼和埃利亚松（Sherman and Eliasson，2006）

证明了非国家力量在解决贸易争端中的作用。王厚双（2003）指出了企业公关在处理贸易摩擦中的作用。钱学锋（2004）指出，在应对贸易摩擦的过程中企业要加强自己的主体意识，在遭遇不公平竞争的时候，要用于应诉和申诉，要利用利益集团的作用并在贸易谈判中善于使用可置信威胁解决摩擦。同时，企业也要改变竞争战略，避免因低价倾销而造成损失。裴长洪（2005）建议，企业要积极利用 WTO 的争端解决机制来处理贸易摩擦，并灵活运用国际化经营策略，通过对外直接投资来规避贸易摩擦。卢进勇等（2019）提出平衡外资产业结构，加强同其他国家的经贸联系，继续扩大开放、深化机制体制，推动我国企业的生产效率进步，并持续满足中等收入群体对多样化、高质量产品日益增长的需求。孟萍莉和崔佳慧（2020）认为，中国企业应主动扩大进口；加大自主创新能力，提高产品技术含量；利用政府合作，积极应对贸易摩擦；借助"一带一路"倡议，摆脱对单一市场的依赖；联合美国友商，共同抵制摩擦。谭娜等（2022）基于供应商关系的视角探究贸易摩擦与中国企业出口，表明建立稳定的、紧密的供应链关系，对于中国的企业来说是一种非常有效的方法。我国出口企业需加强供应链管理和资源整合能力，构建紧密、稳定的供应链网络，与上下游企业发挥战略协同效应。此外，为了更好地应对贸易摩擦所带来的不确定因素，企业可以通过资源共享的途径来提升自身的竞争力。

二、外商直接投资和对外直接投资互动关系研究

邓宁（Dunning）的投资发展路径理论认为，随着一国经济实力的不断提高，其外商直接投资和对外直接投资会经过多个阶段的动态变化，最终呈现出均衡协调发展的现象。具体而言，外商直接投资为母国企业扩大对外直接投资带来了海量资本和高新技术的双重支持，成为母国企业对外直接投资的基础，短期内也刺激了母国企业的生产机器设备、中间产品等的出口。后续大量的研究均佐证了这一观点。欧泽（Ozawa，1992）对邓宁的投资发展路径理论进行深入探讨后，发现非发达国家自身的要素禀赋

会随着发展而产生变化，成为对外直接投资影响外商直接投资的重要渠道，并发挥自身比较优势，转移至资本密集型和技术密集型产业。布洛姆斯特伦和科科（Blomstrom and Kokko，2001）认为，外商直接投资的增加会利用其技术溢出效应，回馈到对外直接投资的发展上。顾和卢（Gu and Lu，2011）也认为，外商直接投资的不断增加，是对外直接投资得以发展的重要动力。

随着国内直接投资规模的持续扩张，中国在步入双向跨境投资阶段后，外商直接投资与对外直接投资也出现了同轨并行、协调发展的全新局面，这引起了诸多学者的探讨。潘文卿等（2015）基于投资发展路径理论，发现引进外商直接投资对对外直接投资有着较为显著的正向影响。聂飞等（2016）的研究发现，利用外商直接投资提升技术的手段，可以促进产业集群的发展，对外直接投资的量级也得以大幅提升。何娜（2017）的研究进一步发现，对外投资不断增加，会直接作用于经济、资本及人力等要素，即增加本国外商直接投资的规模。换言之，对外直接投资对外商直接投资具有明显的促进作用。

除表面上相辅相成、协调发展的关系外，越来越多的学者开始深入发掘外商直接投资与对外直接投资协调发展过程中可能存在的深层效应。随着对外开放政策的不断深化，我国外商直接投资与对外直接投资总量均位居世界前列。中国兼具国际直接投资"东道国"和"母国"双人国的身份，为双向 FDI 协调发展研究提供了良好的样本环境。学者谭同举（2017）提出，双向直接投资可以通过产业升级机制和外贸机制相互作用，并利用 1983～2015 年中国宏观经济数据和制造业数据进行 VAR 实证检验，为中国调控双向直接投资的政策提供参考。聂飞和刘海云（2018）讨论了中国对外直接投资、外商直接投资和出口贸易之间的互动机制，并利用 2003～2013 年中国和其他 96 个国家的跨国面板数据进行了检验，提出了促进中国对外直接投资、外商直接投资和出口贸易协调增长的政策建议。黄凌云等（2018）通过对中国制造业数据的分析，利用面板向量自回归模型，揭示了外商直接投资和对外直接投资之间互动协调发展的情况长期存在，并通过物理耦合的方式计算出 2003～2014 年中国各制造业双向 FDI 互动发展的程度。龚梦琪和刘海云（2020）利用脉冲响应函数分析，同样发现外商直接投资与对外直接投资的协调互动发展关系。邹志明和陈迅（2021）从双循环的经济大背景出发，论证了双向 FDI 互动发展效应的真实性，也利用物理耦合系统测度出中国各省的双向 FDI 协调发展水平。徐磊等（2020）验证了中国制造业双向 FDI 之间的互动发展关系，并对双向 FDI 互动发展的程度进行测度。研究发现，中国制造业的 27 个细分行业的外商直接投资与对外直接投资具有显著的互动发展关系，且其互动发展程度存在显著的行业差异，技术密集型行业双向 FDI 耦合协调度最高。朱于坷等（2021）在探究区域二氧化碳排放强度与双向 FDI 协调发展的关系时，同样验证了外商直接投资与对外直接投资之间存在的协调发展关系。

三、贸易摩擦影响 IFDI 或 OFDI 关系的研究

（一）贸易摩擦与 IFDI 关系的研究

有关贸易摩擦与 IFDI 关系的研究，主要基于两种结论：一是贸易摩擦促进了外商直接投资；二是贸易摩擦抑制了外商直接投资的扩张。

贸易摩擦促进了外商直接投资。蒙代尔（Mundell，1957）认为，一旦两国之间存在着关税或非关税贸易壁垒时，投资对贸易的替代就会加速。陈海裕和高雯筠（2019）基于宏观统计数据，利用比较分析方法剖析了贸易战对中国外商直接投资的影响及其原因，指出贸易摩擦背景下中国的外商直接投资未受到负面影响，我国外商投资项目数不减反增。卢进勇等（2019）认为，贸易摩擦会抑制中国位于价值链中低端的外商直接投资，但会促进位于价值链高端的外商直接投资。

贸易摩擦抑制了外商直接投资的扩张。特丽萨（Theresa，2003）认为，不对称的贸易和投资流可能导致贸易摩擦，从而导致流入该国的外商直接投资减少。赵雪情等（2018）指出，在全球贸易摩擦升级的背景下，保护主义由贸易向投资领域扩张，最终导致全球外商直接投资低迷。尚运生（2019）则从微观环境和宏观环境两个角度分析了在华外商直接投资撤

资的影响因素，结果显示，贸易摩擦显著影响了外商直接投资撤资。林学军和张文凤（2020）基于贸易摩擦的新视角，选取随机前沿引力模型探究中国吸引外商直接投资的影响因素，发现贸易摩擦频率与持续时间会造成中国吸引外商直接投资的非效率，使得外商直接投资对全球价值链地位攀升的促进作用被减弱。李妍和张霖东（2020）以外商直接投资为切入点，对比分析 2018 年 8 月至 2019 年 5 月的外商直接投资数据，深入剖析了 2019 年贸易战对我国外商直接投资的影响与影响成因。结果指出，贸易战无论是在缓和期还是在加剧期，都没有对我国外商直接投资额的增长造成明显的影响，而贸易战对我国外商直接投资的影响主要体现在加剧期阻碍我国外商直接投资的规模扩张。王颖等（2021）认为，发达国家鼓励制造业回归会使欧美跨国公司撤资回流。

（二）贸易摩擦与 OFDI 关系的研究

目前，关于贸易摩擦和 OFDI 的研究成果已十分丰富，国内外学者基于贸易壁垒和贸易摩擦对 OFDI 的影响进行了广泛研究，但研究结论仍存在分歧。

部分学者认为，贸易壁垒和贸易摩擦会诱发企业进行对外直接投资。赫什（Hirsch，1976）认为，当企业进行对外直接投资的成本小于出口成本时，进行对外直接投资有利可图。布莱恩和奥诺（Blonigen and Ohno，1998）指出，对外直接投资在贸易保护的环境可能具有垄断地位。布莱恩（Blonigen，2002）基于对外直接投资的视角，解释了发展中国家对世贸组织处理反倾销保护问题的关切。杜凯和周勤（2010）探究了贸易壁垒诱发的跨越行为，指出以反倾销和关税为代表的贸易壁垒是刺激中国企业对外投资的重要因素。李猛和于津平（2013）基于面板数据模型的实证分析，证实了中国企业反倾销跨越动机对外直接投资的存在，并且进一步发现，东道国由于失业率上升而实施的反倾销会强化反倾销跨越投资动机。竺彩华（2018）认为，在贸易摩擦背景下，内外政策的调整必然会影响中国对美直接投资发展趋向。杨汝岱和吴群锋（2019）探究企业对外投资与出口产品多元化，结果表明，对贸易壁垒越高的国家，企业对外直接投资的产品多元化提升效应越强,体现了对外直接投资缩减企业贸易成本进而促进出口产品多元化的经济机制。

也有学者质疑了其诱发机制,认为对外直接投资并不具备跨越贸易壁垒倾向。沈兰军等(2020)认为,贸易摩擦极大地冲击了中国以及世界经济发展,同时也影响了我国企业"走出去"的步伐,剖析了贸易摩擦对我国对外直接投资的影响,其中我国对外直接投资总体和对美投资额均大幅下降,中国企业在美海外并购也受到阻碍。

(三) 贸易摩擦对 IFDI 或 OFDI 间接影响的研究

格罗斯曼和克鲁格(Grossman and Krueger,1991)将贸易对一个国家或地区的影响归纳为规模效应、结构效应和技术效应三种,并认为这三种效应会对一国或地区的环境产生影响。郭等(Guo et al.,2018)研究表明,不仅是贸易,贸易摩擦的影响同样可以被分解为这三种效应,而且这三种效应也不局限于环境,其对一国或地区的双向 FDI 同样具有影响(Cook et al.,2012;黄凌云等,2018)。当前针对贸易摩擦所产生的经济规模效应、产业结构效应和技术效应的研究已经十分丰富。

经济规模效应方面。崔连标(2018)采用多区域 CGE 模型对贸易摩擦的国际经济影响展开量化评估,根据贸易摩擦的严重程度设置了六种情景,并模拟了主要国家宏观经济指标的变动情况。李春顶等(2018)构建了包含29个经济体的大型一般均衡数值模型系统,引入了"内部货币"的贸易不平衡结构和贸易成本的假定。在扩展的模型基础上,校准参数并量化模拟了贸易摩擦的经济影响。黄鹏等(2018)从经济全球化"再平衡"背景下对经贸关系调整和全球价值链评估贸易摩擦的新视角出发,选取全球贸易分析模型(GTAP)并将其数据库加以更新,详细分解了美国税改背景下中美贸易摩擦对两国乃至主要贸易伙伴全球价值链活动的影响效应。郭晴和陈伟光(2019)根据贸易摩擦的严重程度设置了 5 种情境,利用 CGE 模型动态模拟了贸易摩擦的经济效应。姚洋和邹静娴(2019)在控制了各国金融市场发展效率及贸易伙伴国经济增速后,表明国家间相对经济增长率高低是决定两国经常账户结构的基本面因素。

产业结构效应方面。张轶晴和李宏瑾（2018）探究了贸易摩擦对中国全球产业链地位冲击的影响，并通过对中国贸易结构数据的分析，指出中国产业体系完整，各地区互补性强，是全球产业链条的重要一环。史长宽（2019）鉴于经济发展以产业结构升级为核心内容，指出中美贸易摩擦与产业结构升级之间存在一定的关联。丁一兵和张弘媛（2019）认为，贸易摩擦会抑制中国制造业在全球生产网络中间接出口的国内增加值率，同时也会使基于后向联系的生产长度相对更快地缩短，从而引致生产线位置相对向上游移动。王云胜和于树江（2020）鉴于产业结构升级与此轮中美贸易摩擦之间存在显著关联的特点，分析了中美贸易摩擦对我国产业结构升级的中长期影响，提出有助于应对中美贸易摩擦风险，促进我国产业结构朝向价值链高端应对策略。

技术效应方面。杨飞等（2018）研究了中美技术差距缩小或中国的技术赶超对中美贸易摩擦的影响及其作用机制，表明中美技术差距缩小会通过贸易逆差与政治捐献的相互作用来影响美国对华贸易政策。李秀香和和聪贤（2019）探究了贸易摩擦中高技术产业的压力与应对措施。刘薇和张溪（2019）基于贸易摩擦背景，研究国外实施的高技术出口限制政策对中国科技创新领域的影响，通过实证研究发现，不同国家高技术出口管制不同会导致科技创新影响力不同。廖丽和曹慧卓（2020）以技术转让和国际投资法下的技术转让履行要求理论为基础，对强制技术转让的法律规制及当下中美贸易摩擦中的相关问题进行了分析，指出技术转让问题是中美贸易摩擦中的焦点问题之一。杨飞（2021）指出，美国对华高技术中间品出口限制是通过扩大高技术中间品市场需求规模，促进经济高质量发展并缓解贸易摩擦的负面影响，同时指出，贸易摩擦对中美技术差距扩大行业的高质量发展存在较大负向影响，而差距缩小行业的高质量发展存在较大正向影响。

除以上贸易摩擦产生三种效应之外，也有学者考察了经济规模、产业结构和技术进步路径对外商直接投资或对外直接投资的影响。经济规模路径方面，陈（Chen，2009）研究了经济规模对中国外商直接投资选址的影响，结果表明，城市化、涉外集聚和产业多样性对外商直接投资具有正向影响；城市化、外国集聚和工业专业化也大大促进了工业外国直接投资。库克等（Cook et al. , 2012）指出，经济规模能够在一定程度上促进对外直接投资，并发现本地化和城市化经济都促进了对外直接投资。产业结构路径方面，张瑞锋和李亚娇（2022）基于动态"双循环"的视角研究了双向 FDI 与产业结构升级，表明外商直接投资、对外直接投资与产业结构升级之间存在着长期协整关系，并且指出产业结构升级冲击将引起外商直接投资、对外直接投资持续负向的影响。杨晗婕（2021）在探究双向 FDI 协同发展影响中国制造业创新能力的过程中，认为存在产业结构升级的中介效应。技术进步路径方面，黄凌云等（2018）实证考察了技术进步路径对双向外商直接投资互动发展的影响。研究发现，在样本期内，技术引进、模仿创新和自主研发这三种技术进步路径直接抑制了中国双向外商直接投资的互动发展水平。但还未有文献将贸易摩擦及其产生的三种效应与双向 FDI 纳入同一框架进行分析。

四、研究现状述评

梳理上述文献后发现，近年来探究贸易摩擦对双向 FDI 互动发展因其现实意义而备受关注，特别是国内学者的相关研究日益增多。现有研究通过多种方式，均证实了双向 FDI 互动发展所具备的互动效应，并且贸易摩擦会直接或间接地发挥对双向 FDI 的作用。此外，学者们从直接影响、影响机制、影响因素等多个角度对外商直接投资和对外直接投资进行了大量的研究，并取得了丰硕的成果，也为后人深入分析如何推动双向 FDI 互动发展奠定了良好的基础。但目前的研究仍存在以下不足。

第一，当前有关双向 FDI 互动发展的探索大多以邓宁的国际直接投资理论为起点，以 IFDI 对 OFDI 的影响、OFDI 对 IFDI 的影响、单向直接投资对某一经济因素影响的研究为主，且研究时大多切断了双向直接投资间的相互联系，较少考虑 IFDI 和 OFDI 协同作用或互动发展关系。本书在现有研究的基础上，着重考察 IFDI 与 OFDI 之间的协同作用。将 IFDI 和 OF-DI 同时纳入模型，构建双向 FDI 互动发展的分析框架，探究它们之间存在的相关联系以及内在的影响机制，进一步丰富相关的理论研究，开拓相关研究的新视角。

第二，现有研究多注重分析贸易摩擦对 IFDI 或 OFDI 的影响，缺乏对贸易摩擦影响双向 FDI 互动发展的研究，而从双向投资的视角考察国际经贸关系更有助于理解贸易摩擦的实质，因此，需要构建贸易摩擦作用于双向 FDI 互动发展的分析框架。

第三，贸易摩擦影响国际投资的研究比较分散，且多停留在定性分析和总量研究上，现有文献仅分析了贸易摩擦对国际投资影响规模效应、结构效应、技术效应中的单一效应，还未有文献将贸易摩擦及其产生的三种效应与国际投资纳入同一框架进行分析，形成完整的传导机制。因此，需要从贸易摩擦所引发的不同效应层面，深入考察贸易摩擦对国际投资的影响。

第三节　研究思路、方法及创新点

一、研究思路

本书在整合分析贸易摩擦相关研究的基础上，基于贸易摩擦持续升级、中国双向 FDI 互动发展特征日益密切的现实，首先，构建贸易摩擦影响双向 FDI 互动发展的理论分析框架，运用国际经济学理论剖析贸易摩擦通过规模效应、结构效应和技术效应影响中国双向 FDI 互动发展的内在理论机制，以期指导接下来的实证研究；其次，利用手工搜集的数据，从贸易摩擦影响中国双向 FDI 互动发展的三种效应（规模效应、结构效应和技术效应）切入实证，以系统地把握贸易摩擦影响中国双向 FDI 互动发展的作用过程；最后，总结贸易摩擦通过不同机制影响中国双向 FDI 互动发展的效应和存在的问题，借鉴国际经验，找到促进中国双向 FDI 良性互动的具体政策，落脚到本书的主题。本书的技术路线如图 1-2 所示。

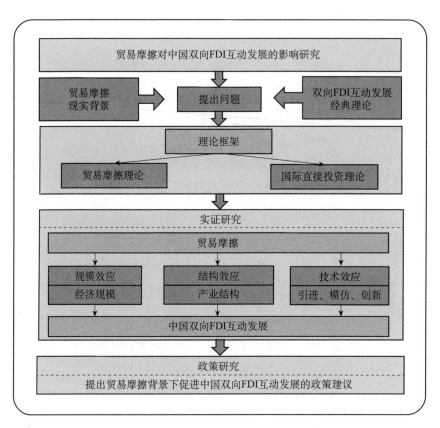

图 1 - 2   技术路线

二、研究方法

本书所采用的研究方法如下。

第一，文献研究法。通过系统梳理国内外有关贸易摩擦和双向 FDI 互动发展的研究文献，对其进行全面分析和评价，了解和借鉴这些领域的基本理论、科学研究思路、研究方法以及最新的研究成果，为本书的研究提供理论基础。

第二，理论研究与行业实践相结合的方法。从行业实践确定研究问题，结合主流的研究理论，通过解释、演绎和发展的思路指导本研究的理论特色和新颖性，对研究主题做到更为系统、全面的把握。

第三，定性分析与定量分析相结合。通过综合分析和概括分析等定性分析的方法，考察贸易摩擦和双向 FDI 互动发展的特点。依据国家统计局、《中国统计年鉴》、对外直接投资统计公报等发布的数据，运用多元回归的方法定性考察贸易摩擦对中国双向 FDI 互动发展的影响。

第四，实证分析方法。在分机制检验贸易摩擦对规模效应、结构效应和技术效应影响双向 FDI 互动发展的过程中，主要采用多元回归的方法进行分析，包括固定效应模型、随机效应模型、广义矩估计（GMM）等。并在回归模型中引入交互项，以考察贸易摩擦通过三种效应影响双向 FDI 互动的机制。

三、创新点

本书的创新点主要有以下几点。

第一，目前学术界关于贸易摩擦、外商直接投资与对外直接投资之间的研究方面，考察贸易摩擦单独影响外商直接投资或对外直接投资文章较多，但将外商直接投资与对外直接投资两者纳入一个共同体系并渗入到互动发展关系的研究是较少的。本书考虑国际直接投资作为变量进行研究时，没有单独选取对外直接投资或者外商直接投资，而是将外商直接投资与对外直接投资联合起来进行考量，把二者联合为一个整体进行考量，具有一定的价值性和新颖性。

第二，以往基于国际直接投资理论研究的常用方法为逻辑推演，但逻辑推演在准确描述分析变量之间的交互、系统、动态关系上略显不足。本书运用实证分析，通过动态面板 GMM 模型研究贸易摩擦与双向 FDI 互动发展的关系，不仅能够缓解三者关系中存在的内生性问题，还使研究结果更加可靠。

第三，从规模效应、结构效应和技术效应层面构建贸易摩擦影响中国双向 FDI 互动发展的理论研究框架，系统考察贸易摩擦通过不同的效应影响双向 FDI 互动发展的方向和程度。这有利于从不同层面找到促进双向 FDI 互动发展的路径，因地制宜、因材施教提出适合具体情况的对策。

第四节　研究内容与结构安排

本书基于贸易摩擦成为新常态、我国加快推进双向 FDI 互动发展的现实，在系统梳理贸易摩擦和双向 FDI 研究的基础上，首先构建贸易摩擦影响我国双向 FDI 互动发展的理论机制。其次，从规模效应、结构效应和技术效应三个层面出发，全面系统地考察贸易摩擦影响我国双向 FDI 互动发展的效应，并综合研究结论，提出在贸易摩擦背景下，继续深化双向 FDI 互动发展的政策措施。本书由文献研究、理论研究、现状研究、实证研究、对策研究五个部分构成，共七章，具体结构安排如下。

第一章，绪论。阐述研究背景，明确研究意义。在对选题有关的文献进行梳理后，找出研究的切入点，凝练研究思路，为后面章节的展开奠定基础。

第二章，贸易摩擦与双向 FDI 互动发展的理论基础。梳理贸易摩擦理论以及主流国际直接投资理论的脉络，尤其是与我国投资实践关系更为紧密的发展中国家直接投资理论。

第三章，贸易摩擦和中国双向 FDI 互动发展历程与现状分析。首先，梳理贸易摩擦的发展历程，并对贸易摩擦进行现状、成因以及必然性的分析。其次，对我国 IFDI 与 OFDI 的发展历程与现状，以及中国双向 FDI 的互动现状进行系统分析。最后，全面梳理贸易摩擦与中国双向 FDI 互动发展的经验关系。

第四章，贸易摩擦影响中国双向 FDI 互动发展的规模效应分析。首先，从经济规模的视角出发，考察贸易摩擦通过规模效应影响双向 FDI 互动发展的机理，以指导接下来的实证。其次，利用手工搜集的数据，构建多元回归模型，并在模型中引入贸易摩擦和经济规模的交互项，以系统考察贸易摩擦通过影响经济规模进而影响中国双向 FDI 互动发展的具体效应。最后，在考察上述传导机制的过程中，根据经济发展阶段进行划分，以探讨其可能对中国双向 FDI 互动发展所产生的影响。

　　第五章，贸易摩擦影响中国双向 FDI 互动发展的结构效应分析。首先，将贸易摩擦所引发的结构效应分解为对产业结构和全球价值链的影响，并具体考察贸易摩擦通过结构效应影响双向 FDI 互动发展的机制。其次，由于贸易摩擦不仅会通过阻碍我国高科技产业发展抑制产业结构升级，还会通过优化出口商品结构、降低对贸易依存度从而促进我国产业结构升级，因此，本书从产业结构的角度出发，对贸易摩擦通过产业结构影响中国双向 FDI 互动发展的效应进行实证分析。

　　第六章，贸易摩擦影响中国双向 FDI 互动发展的技术效应分析。首先，将贸易摩擦所引发的技术效应分解为对技术引进、技术模仿和技术创新的影响，并考察贸易摩擦通过影响一国或地区的三种技术进步路径，进而影响双向 FDI 互动发展的机理。其次，从贸易摩擦所导致的技术封锁效应出发，以技术引进为中介变量，考察贸易摩擦对中国双向 FDI 互动发展的影响。最后，由于发展中国家在引进技术方面会充分利用后发优势实现技术赶超，进而增强发展中国家吸收国外资本的能力，因此，在引进技术之后，发展中国家还会通过技术模仿和技术创新实现技术赶超。考虑到贸易摩擦会对技术模仿和技术创新产生影响，本章进一步分析了贸易摩擦通过技术模仿和技术创新对中国双向 FDI 互动发展的影响。

　　第七章，结论与政策建议。结合前文的研究内容和结论及贸易摩擦持续升级的背景，提出促进中国双向 FDI 互动发展的政策建议，探讨在贸易摩擦背景下，如何建立良性的双向 FDI 互动关系。

第二章

贸易摩擦与双向 FDI 互动发展的
理论基础

在第一章对研究背景、研究思路以及研究内容等相关方面进行介绍的基础上，本部分主要介绍贸易摩擦理论、国际直接投资理论。其中，贸易摩擦理论可以分为贸易保护理论、贸易摩擦的微观经济分析、贸易摩擦的宏观经济分析以及贸易摩擦的政治经济学分析。在贸易保护理论中，主要涵盖了重商主义贸易保护理论、幼稚产业保护理论、超贸易保护主义和新贸易保护主义。贸易摩擦的微观经济分析主要从完全竞争条件和不完全竞争条件两个角度展开。贸易摩擦的宏观经济分析主要围绕内外均衡、生产力变化和汇率三个方面进行理论分析。贸易摩擦的政治经济学分析则主要涵盖了马克思主义政治经济学的观点、公共选择理论以及霸权稳定理论三个部分。

国际直接投资理论主要包括早期国际直接投资理论、发达国家对外直接投资理论和发展中国家对外直接投资理论。早期国际直接投资理论包括纳克斯（R. Nurkse）国际直接投资理论、麦克杜格尔和肯普（McDougal and Kemp）的资本流动理论。发达国家对外直接投资理论主要包括垄断优势理论、内部化理论、产品生命周期理论、比较优势投资理论和国际生产折中理论等。发展中国家对外直接投资理论主要包括资本过度积累理论、小规模技术理论、技术地方化理论、技术创新产业升级理论和投资发展周期理论等。

第一节　贸易摩擦理论

随着全球化的发展，国与国之间的经济交往日益密切、依赖程度不断加深，但与此同时，也缩小了各国之间的比较优势，国家间的竞争不断加剧、贸易摩擦不断增多，这逐渐成为国际贸易发展的阻碍。中国的《辞海》一书中对贸易摩擦进行了如下定义：所谓贸易摩擦，是指资本主义国家间剧烈争夺世界市场的斗争。在 WTO 的相关文件中，与"贸易摩擦"相对应的是"贸易争端"这一概念。贸易争端是指贸易双方中的进口国采取贸易保护主义措施限制产品进口，对此，出口国提出异议并要求进口国纠正其行为的过程。武汉大学学者胡方（2001）在其《日美经济摩擦的理论与实态》一书中指出，"经济摩擦是存在经济联系的各国和各地区之间，为争夺经济利益产生的矛盾与冲突"。闫克远（2012）总结了贸易摩擦的五个基本要素：一是贸易摩擦以国际交往为前提，只能在建立了国际经贸关系的经济体之间产生；二是贸易摩擦是在摩擦过程中的经济主体为追求自身利益最大化而产生的动态博弈的过程；三是引起贸易摩擦的因素多样，包括政治、经济、外交对话等多个方面；四是贸易摩擦是非正和博弈，不存在双方都获利的情况；五是贸易摩擦的产生具有广泛性，不同类型的国家之间均可能发生贸易摩擦。随着我国对外开放的水平不断加深，现代化进程不断加快，重视对贸易摩擦问题的研究，并对相关理论进行回顾与借鉴，这对我国发展具有深远的意义。

一、贸易保护理论

不同时期的贸易保护理论在不同程度上反映了世界各国在不同时期的贸易政策主张，并随着经济周期的变动为各国所用，各国学者对由贸易保护引发的贸易摩擦研究也在逐步拓展和加深。从早期的重商主义开始，贸易保护理论的发展便为贸易摩擦这一现象提供更为合理、更加贴近现实的解释。

（一）重商主义贸易保护理论

15～17 世纪，西欧逐渐从封建社会向资本主义社会过渡，在这一阶段中，为了适应商品经济迅速发展的需要，重商主义应运而生。重商主义认为财富即金银，金银是货币的唯一形态，并根据对待金银的不同态度和获得金银的不同手段。重商主义又可以分为早期和晚期两个阶段。早期重商主义又称货币差额论，主要代表人物是英国的斯戴弗德（Stafford）和法国的蒙克（Montchrétien），强调增加国内货币的积累应作为国家贸易政策的指导原则，实行贸易保护政策并以行政或法律的手段禁止货币外流。当时的英国、西班牙、葡萄牙等国政府以该思想为指导，大多奉行外汇管制、出口垄断和进口高关税等举措，实行贸易保护政策。晚期重商主义也称贸易差额论，主要代表人物是英国学者托马斯·孟（Thomas Mun），他对早期重商主义禁止货币流出、将货币储藏起来的做法提出批评，认为货币产生贸易，贸易又可以促使货币增多，只有保持贸易顺差才能使一国货币增加并实现富足，主张要将货币投入有利可图的对外贸易中。晚期重商主义同样认为货币只有投入流通才能实现增长，只有对外贸易才是增加国家财富的唯一途径，国内贸易无法实现国家财富的增加，同时，必须坚持"多出口少消费"这一原则。此外，该理论还强调国家干预对外贸易的主张，为保持贸易顺差还提出了"奖出限入"的贸易保护政策。

（二）幼稚产业保护理论

18 世纪后期至 19 世纪中期，西欧各国和美国纷纷完成了产业革命，完全确立了资本主义生产方式，基本进入了资本主义的自由竞争时期。这一阶段诞生了幼稚产业保护理论，主要代表理论是美国首任财政部部长汉密尔顿（Hamilton，1791）的制造业保护论和德国学者李斯特（List，1841）的幼稚产业保护论。

汉密尔顿（Hamilton）在 1791 年提出的《制造业报告》中指出，美国相较于欧洲先进国家，有着不同的经济状况，如果实行自由贸易政策，其更为薄弱的工业基础、较高的生产成本以及落户的技术水平将会断送美国工业的发展，进而威胁美国在经济和政治上的地位。为此，汉密尔顿主张国家征收保护关税从而实现对本国幼稚产业的保护，开创了国家保护新兴产业的先河。李斯特（List）在汉密尔顿的制造业保护论的基础上进行完善和发展，将其系统化后于 1841 在《政治经济的国民体系》一书中提出了以重视生产力发展为特征。李斯特指出："财富的生产力比之财富本身，不晓得要重要到多少倍，它不但可以使已有的和已经增加的财富获得保障，而且可以使已经消失的财富获得补偿。"他对古典自由贸易理论忽视经济发展的民族性特点进行了指责，提出要重视对创造财富的生产能力的培养，强调发展生产力是制定国家贸易政策的出发点。因此，李斯特主张对保护对象以关税为手段进行不同程度的保护，保护对象并不意味着涵盖了所有产业，而是要保护处于发展初期而又面临外国强大竞争的有发展前途的工业。保护期限也并非永久，而是以 30 年为限，以此来抵御进口产品与国内产品的竞争，进而促进国内生产力的发展与落后产业的成长。

（三）超贸易保护主义

超贸易保护主义是在 19 世纪 70 年代至 20 世纪初期自由竞争的资本主义开始向垄断资本主义过渡这一时期诞生的。在 1873 年世界经济危机及随后的长期萧条的作用下，世界市场竞争日益加剧，市场饱和的矛盾日益凸显，西欧各国纷纷选择贸易保护主义以维持本国经济的稳定和发展。美国学者凯恩斯（Keynes）的新重商主义是贸易保护主义理论的重要基础。凯恩斯认为宏观经济缺乏显著的自我调节能力，主张政府奖出限入，对经济生活进行全面干预，实行贸易保护主义。阿根廷经济学家普雷维什（Prebisch）的中心外围论强调发展中国家应该采取贸易保护政策，以求经济上的自主发展和政治上的真正独立。在这一时期，贸易保护政策与之前的政策有着本质区别，即保护的不是国内的幼稚工业而是国内高度发展或出现衰落的垄断工业；不是培养自由竞争的能力，而是巩固和加强对国内外市场的垄断；不是消极防御性地限制进口，而是在垄断国内市场的基础上对国外市场进行进攻性的扩张；保护的措施不仅是关税，还包括各种非关税壁垒和奖出限入措施。

（四）新贸易保护主义

随着 1973 年石油危机的爆发，西方国家长达 20 年的经济高速增长期结束，同时出现了过低的经济增长率和过高的通货膨胀率。鉴于严重的贸易逆差和汇率失调，以美国为首的西方发达国家结束了第二次世界大战后的自由贸易政策，转而实行以非关税壁垒措施为主的贸易保护措施，从而掀起了第二次世界大战后新一轮的贸易保护主义思潮，并延续至今。这一阶段的贸易保护主义称为新贸易保护主义。新贸易保护主义广泛采取和强化了种种非关税壁垒措施作为实行贸易保护主义的主要手段，强调所谓"公平贸易"，具有以下几个特点：其一，贸易工具以非关税壁垒为主导，如反倾销和反补贴措施、对进口和自动出口实行限制、对报关手续施加限制等，与传统的贸易保护存在明显区别；其二，对贸易实行系统化管理，将非关税壁垒的相关措施制度化、法律化，为贸易保护提供合理背景并披上一层合法外衣；其三，区域化壁垒呈现加强态势，集团和区域内部采取诸如相互取消关税的政策，并形成集团势力。因此，发达国家不仅在集团内部可以享受区域内自由贸易的好处，还可以利用集团势力应对外部冲击，维护局部利益。

二、贸易摩擦的微观经济分析

从微观角度出发对贸易摩擦进行分析，可以在完全竞争和不完全竞争两个场景下进行。

（一）完全竞争条件下的贸易摩擦理论

在完全竞争市场中，由于存在"看不见的手"对整个经济的运行进行调节，资源的分配通常可以实现一般均衡下的帕累托最优。传统贸易理论以完全竞争市场为假设，认为在这种情况下贸易可以促进各国福利水平的提高，不会出现贸易摩擦的现象。但是当市场失灵时，政府便会采取一系列贸易保护政策进行干预，这会对自由贸易产生影响，破坏市场的均衡状态并引起国家间的贸易摩擦。其中具有代表性的理论是产业调整理论以及国际经济扭曲理论。

产业调整理论建立在要素禀赋论的基础上，要素禀赋论认为各国生产要素禀赋的不同引起产品的生产成本和价格的差异，从而导致比较优势的形成，要素禀赋是影响一国产业结构和国际贸易的决定因素。产业调整理论针对的是当产业结构出现调整时，衰退产业选择将生产要素转移至新兴产业过程中产生的贸易摩擦问题，通常称为特定要素模型，最早由琼斯（Jones，1973）提出并进行系统性阐述。产业结构是指各产业和各产业结构之间的联系和比例关系。该模型假定在完全竞争市场下，一国能生产制造品和粮食两种产品，存在劳动力、资本和土地三种生产要素，其中劳动是两个行业的共同生产要素，可以在两个生产部门流动。生产制造品只需要劳动和资本，不需要土地，资本是制造品行业的特定生产要素。相似的，土地是粮食行业的特定生产要素。若该国生产制造品的技术水平高、劳动生产率高，在国际市场上具有竞争力，此时劳动就会发生由粮食行业向制造品行业转移的现象。根据要素边际收益递减规律，由于资本收益率的提高伴随着土地收益率的降低，会导致粮食行业利益受损，行业间发生经济利益分配关系的变化，此时，粮食行业的利益集团就会选择放弃自由贸易，要求国家采取保护主义措施以减少进口，从而引发贸易摩擦。

国际经济扭曲理论是从国际经济活动中资源配置的帕累托最优视角出发研究当帕累托最优配置没有实现时，各种不合理资源配置现象的形成及改进问题。扭曲的定义可以理解为经济活动对帕累托最优状态的偏离。所谓帕累托最优状态，是指社会已经处于一种尽善尽美的境界，在这种效率与公平的"理想王国"中，对这种状态的任何改变都不能再使任何一个人福利增加的同时导致其他人的福利减少，即在没有任何情况变化的前提下，使得至少一个人的情况更好。贾格迪什·巴格沃蒂（J. Bhagwati）采用特殊要素模型对该理论进行解释，他假设世界上只有两个使用一定生产要素对 x、y 两种产品进行生产的国家。在完全竞争市场的背景下，两国凭借各自的比较优势对产品进行交换，当国内生产边际转换率（DRT）、国内消费边际替代率（DRS）以及国外边际转换率（FRT）三者相等时，两国的贸易就会达到帕累托最优。但经济活动往往会偏离帕累托最优状态，当三个等式中只成立其中任意一个，而另外两个不成立时，便会形成以下四种扭曲。

（1）贸易扭曲。FRT ≠ DRT = DRS，即国外边际转换率不等于国内生产边际转换率，但国内生产边际转换率与国内消费边际替代率相等，即国外市场发生了扭曲。

（2）生产扭曲。DRT ≠ DRS = FRT，即国内生产边际转换率不等于国内消费边际替代率，但国内消费边际替代率与国外边际转换率相等，此时国内生产发生扭曲。

（3）消费扭曲。DRS ≠ DRT = FRT，即国内消费边际替代率不等于国内生产边际转换率，但国内生产边际转换率与国外边际转换率相等，发生了消费扭曲。

（4）要素市场扭曲。$DRT_x \neq DRT_y$，即一国的国内生产边际转换率与另一国的国内生产边际转换率不相等时，生产点不是生产可能性曲线上有效的点，此时发生要素市场扭曲。

当以上四种扭曲发生其中一种情况时，便可能引起贸易摩擦。

（二）不完全竞争条件下的贸易摩擦理论

由于完全竞争只是一种理想的经济学状态，现实世界中往往是不完全竞争市场占据主导地位，因此，在不完全竞争市场下进行贸易摩擦的研究也十分必要。该理论的研究主要分为三个领域：一是 20 世纪 80 年代由布兰德（J. A. Brander）、斯宾塞（B. J. Spencer）以及克鲁格曼（P. R. Krugman）等经济学家提出的战略性贸易政策理论。根据克鲁格曼在《国际经济学》一书中的定义，所谓战略性贸易政策，是指鼓励特定产业的出口或限制其进口来达到改善经济绩效目的的政策。理论以战略性贸易为核心，认为在不完全竞争的市场条件下，具有垄断能力的厂商能够获取垄断利润，这对于厂商而言是一种额外的收益。因此，政府可以通过出口补贴或对本国市场保护等贸易政策来影响或改变厂商的战略行为，从而使本国能够在贸易中获得额外的收益，由此引发的贸易伙伴国的报复行为导致了贸易摩擦的产生。二是帕纳格里亚（A. Panagariya）、三边信夫和后藤纯一等人提出的规模经济理论。该理论假设参与贸易的东道国的企业存在规模经济和外部经济，在分析过程中存在共性，即首先对存在规模经济和外部经济条件下自给自足的经济均衡进行分析，接着对处于对外经济联系条件下的均衡进行讨论，然后将两种经济处于均衡状态下的各种收益情况进行对比，确定收益水平的变化。三是国内国际产业结构和贸易摩擦间的关系理论。该理论认为，国家间产业结构中存在的动态和静态不匹配是引起贸易摩擦的深层诱因。此外，国内的一些学者也对贸易摩擦进行了相应分析。黄晓凤（2009）认为，国际贸易摩擦产生的原因主要是传统要素驱动贸易模式潜伏着贸易摩擦的内在因素。因此，解决国际贸易摩擦的方法就是贸易模式要实现从要素驱动向技术驱动转型。雷达、于春海（2004）认为，国际经济学的传统理论无法为当前的中美贸易摩擦提供合理的解释，因为传统理论在考虑内外均衡关系时主要关注两者之间的总量平衡而忽视内外均衡的结构性互补关系。他们通过考察内部结构调整对外部环境要求的影响，并结合中美两国当前的经济结构特征，认为在这种情况下贸易摩擦的产生和解决过程就可以成为协调两国内部结构调整的契机和手段。

三、贸易摩擦的宏观经济分析

在开放的宏观经济下，贸易摩擦的宏观理论主要从内外均衡、生产力变动、汇率等角度进行分析。

（一）内外均衡与贸易摩擦

宏观经济均衡分为内部均衡和外部均衡两部分，一个国家的宏观经济目标通常包括经济增长、物价稳定、充分就业和国家收支平衡四个主要内容，其中前三点构成了内部均衡，第四点则隶属于外部均衡。内部与外部的均衡状况以及如何协调影响着宏观经济的运行情况。内外部经济同时达到均衡通常只是静态环境中的理想化情况，更多的情况是二者同时处于非均衡状态下，但结合在一起却能实现总量上的均衡。开放的宏观经济总是处在动态调整的过程中，外部均衡的发展变动必须适应内部均衡的发展和变动。王亚飞（2007）指出，国际贸易及相关政策正是在这个动态的结构变迁过程中发挥作用的，它们必须能够配合这样的过程。从这个基本要求出发，一国根据具体的国际经济环境将实施不同的贸易政策。因此，结构调整过程遇到的种种制约是促使一些国家对外经济政策中单边主义和保护主义抬头的根本原因，它们希望以此克服内部调整所面临的外部制约，并协调内、外均衡的关系，即贸易摩擦的症结所在。在这种情况下，贸易摩擦的产生和解决过程就可以成为协调两国内部结构调整的契机和手段。

（二）生产力变化与贸易摩擦

美国经济学家拉尔夫戈莫里和鲍莫尔（Ralph E. Gomory and William J. Baumol，2000）通过对传统贸易模型进行修正，从生产力变化的角度解释了贸易摩擦的成因。他们认为，当一国生产力水平非常落后时，其工业化贸易伙伴国将从它生产力发展所带来的生产率普遍提高中受益；但当落后国生产力进步超过某一状态时，会降低他的整体福利，导致贸易国之间的利益重新分配，从而引发冲突和贸易摩擦。

（三）汇率与贸易摩擦

汇率与国际贸易关系密切的基本逻辑为：当本国货币贬值时，有利于本国出口；当本国货币升值时，刺激本国进口。但由于相关经济政策存在时滞，对汇率的调整与贸易部门进出口量并不会同步变动，改善国际收支需要一段时间。这种滞后效应通常被描述为"J曲线效应"，即一国货币贬值对该国的国际收支条件会产生先恶化后改善的作用。杜金东（2009）认为，由于贸易状况恶化会使一国采取保护主义措施，因此如果一国采取了汇率调整措施，并引发货币贬值，那么在汇率变动初期会使得贸易摩擦的程度加剧。

四、贸易摩擦的政治经济学分析

由于现实中盛行贸易保护政策，这与主流经济学的自由贸易是各国政府的最佳政策这一主张相悖，促使了一部分经济学家开始由传统的经济学分析转向了对政治经济学的研究。

（一）马克思主义政治经济学的观点

马克思的政治经济学思想在当今时代下依旧发挥着作用，他在《关于自由贸易的演说》中写道："让我们来做个总结：在现代的社会条件下，到底什么是自由贸易呢？这就是资本的自由。排除一些仍然阻碍着资本前进的民族障碍，只不过是让资本能充分地自由活动罢了。不管商品相互交换的条件如何有利，只要雇佣劳动和资本的关系继续存在，就永远会有剥削阶级和被剥削阶级存在。那些自由贸易的信徒认为，只要更有效地运用资本，就可以消除工业资本家和雇佣劳动者之间的对抗，他们这种妄想，真是令人莫解。恰恰相反，这只能使这两个阶级的对立更为显著。"这一观点提醒着我们，在对贸易摩擦进行研究时，不要只停留在表象，要更加深刻地挖掘贸易摩擦背后的利益冲突。恩格斯在《保护关税制度和自由贸易》一文中提道："保护关税制度再好也不过是一种无穷螺旋，你永远不会知道什么时候才会把它转到头。你保护一个工业部门，同时也就直接或间接地损害了其他一切工业部门，因此你就必须把它们也保护起来。这样一来你又会给你原先保护的那个工业部门造成损失，你就必须补偿它的亏损，这一补偿又会像前面的情况一样，影响到其他一切部门，并且使它们也有权利要求补偿。美国在这个方面为我们提供了怎样用保护关税制度扼杀一个重要工业部门的令人吃惊的例子。……在造船业方面实行保护关税制度，既扼杀了航运业，又扼杀了造船业。"关税制度一方面可以在一定程度上对本国利益施加保护；另一方面，关税制度也存在诸多弊端，比如，关税制度的存在会使得一些利益集团长期寻求制度的保护，从而损害消费者的利益，但时至今日，仍有很多国家将关税政策作为一项重要的贸易保护手段。

（二）公共选择理论

公共选择学派将个人行为和集体建立联系，也是现代微观经济学的重要分支，其创始人是詹姆斯·布坎南（James M. Buchanan）。公共选择理论将"经济人"的概念和分析方法引入了政治决策领域，把"经济人"作为分析政府决策的出发点，并以严格的"经济人"来塑造所有的公共选择者，如选民、政治家、官僚等，并以此来分析市场过程的本质和有关政治制度的框架。该理论认为，在代议制和投票规则下，人数较少而利益分布较为集中的一方对投票结果影响更大。

（三）霸权稳定理论

霸权稳定理论在西方的国际关系理论中具有很大的影响力，发展主要有两个阶段：一是由查尔斯·金德尔伯格（Charles P. Kindleberger）首创，罗伯特·吉尔平（Robert Gilpin）加以完善形成的霸权稳定论；二是罗伯特·基欧汉（Robert O. Keohane）修正后形成的后霸权合作理论。尽管不同时期的代表人物有着不同的理论命题和主要观点，但基本观点是一致的，即国际霸权体系与国际秩序稳定之间存在着一种因果关系，当有一个具有霸权实力的强大主体存在时，对于国际秩序和国际体系的稳定是有利的，而且霸权国越强大，随之而来的国际冲突越少，反之则会存在更多的国际冲突；相反，当没有霸权国存在时，国际秩序反而会更加无序和不稳定。

第二节　国际直接投资理论

我国外商直接投资的迅猛发展离不开一系列国际直接投资理论的指导，基于我国国情，借鉴国外对外直接投资理论，并将其应用于指导我国对外直接投资发展方向，这对于我国具有深远的意义。

一、早期国际直接投资理论

国际直接投资理论是解释国际直接投资发生机理的理论，早在 20 世纪

30 年代初期便有所发展。

（一）罗格纳·纳克斯的国际直接投资理论

1933 年，罗格纳·纳克斯（R. Nurkse）发表了《资本流动的原因和效应》一文，揭开了学术界对国际直接投资理论研究的序幕。文章关注产业资本流动，将利息差引申为利润差，运用资本流动的思路进行分析。文章认为，国际资本流动是由各个国家之间利率水平的不同引起的，资本总是从低利率国家流出，向高利率国家流入，而产生利率差的原因是各国资本存在不同的供求关系，利率这一诱因会将原有的供求关系打破，从而导致利率和资本发生循坏往复的变动，最终造成国际资本不断流动。

（二）麦克杜格尔和肯普的资本流动理论

20 世纪 40 年代后，麦克杜格尔和肯普（McDougal and Kemp）在罗格纳·纳克斯的理论基础上，利用几何图形对国际直接投资活动的发生及其福利效果进行解释，但这种理论仅仅采用了几何图形对国际直接投资和间接投资的共性内容进行了诠释，因此，与国际直接投资理论存在一定距离。

二、发达国家对外直接投资理论

20 世纪 60 年代以来，跨国公司迅速崛起、规模不断扩张，以美国为首的国际直接投资活动日益增长。国际直接投资已成为国际资金流动的主要形式，并引起了众多学者的关注，学者们不再仅从利率差异的角度对国际直接投资进行研究，还开始强调市场动态、产品差异、产业活动和技术创新等因素的作用，在跨国公司直接投资的理论研究方面实现了较大的突破。

（一）垄断优势理论

垄断优势理论，又称公司特有优势理论或所有权优势理论，由美国学者海默（Hymer，1960）率先提出，该理论认为考察对外投资应从"垄断优势"着眼。海默的理论第一次论证了外国直接投资不同于一般意义上的金融资产投资，在市场不完全的假设前提下，认为国内、国际市场的不完全性和企业的垄断优势是跨国公司对外直接投资的根本原因，对外直接投资是在厂商具有垄断或寡占优势的条件下形成的，这种垄断或寡占优势被称为"独占性的生产要素"优势或厂商特有优势，这种优势可以来源于厂商的物质资本，如大规模的资本优势，但更主要的来源是厂商所掌握的先进技术、高效率管理知识等无形资产。当东道国市场存在由规模经济、生产要素、产品市场等引起的不完全性时，企业进行国际贸易的成本会上升，所获收益则会下降。跨国公司可利用其垄断优势排斥自由竞争，维持垄断高价以获得超额利润，同时，企业会选择进行直接投资来参与国际市场。金德尔伯格（Kindleberger，1969）进一步补充和完善了垄断优势理论，着重强调了市场结构的非完美性和跨国公司的垄断优势，如某项专门技术的控制权、某些原材料和核心中间产品的垄断权等，并将市场的不完全性细分为了产品市场的不完全性、要素市场的不完全性和贸易壁垒三个方面，认为企业自身的垄断优势才是其参与国际直接投资的主要决定因素。

在后续的发展中，约翰逊（H. G. Johnson，1970）认为，跨国公司的垄断优势主要来源于其对知识资产的控制，知识资产的生产成本很高且供给极富有弹性。因此，跨国公司的子公司可以利用总公司的知识资产创造更高的利润，而东道国当地的企业则没有此项优势。凯夫斯（R. E. Caves，1971）强调，跨国公司的垄断优势主要体现在产品的差异性，即对产品异质化的能力上，跨国公司可以充分利用自身技术优势对现有产品进行改造使其具有差异化特征以吸引更大的消费群体。此外，跨国公司还可以通过特殊的商标等营销技巧吸引消费者。尼克博克（Knickerbocker，1973）将直接投资分为进攻性投资和防御性投资，认为在一些寡头垄断性工业中，国际直接投资在很大程度上取决于竞争者之间的行为约束和反应，指出寡占反应行为是导致二战后美国跨国公司对外直接投资的主要原因，并且容易出现成批性。

（二）内部化理论

内部化理论起源于科斯（R. H. Coase，1937）的交易成本理论。交易成本理论探讨了在市场交易中发生的交易成本问题，将市场成本分为活动成本、责任成本、风险成本以及交易成本，并认为企业的内部化组织是一种低成本有效的生产联系方式，当企业的内部组织交易的成本低于通过市场交易的成本时，企业就会倾向于内部化交易。英国学者巴克利和卡森（Buckley and Casson，1976）首次将"内部化"概念应用于国际投资领域，内部化理论从中间产品的性质与市场机制的矛盾中来论证内部化的必要性。该理论认为，由于中间市场的不完全性导致了企业交易成本的增加，而企业经营是为了追求利润最大化，这就促使企业将外部市场内部化，只有当外部市场内部化后产生的收益高于相关成本时，这种外部市场内部化的行为才会发生。而这种行为不仅限于国内市场，当超越了国界时便产生了跨国公司，同时也就产生了对外直接投资。企业开展对外直接投资的主要动机是消除和克服外部市场的不完全性给企业经营效率带来的消极影响。

（三）产品生命周期理论

美国学者雷蒙德·弗农（Raymond Vernon，1966）首次基于新产品从进入市场到被淘汰的视角，即产品生命周期的角度，对对外直接投资理论进行完善和丰富。该理论认为，拥有知识资产优势和创新能力的企业总是力图保持其技术的优势地位，以便享有新产品的创新利益。但是新技术不可能长期被垄断，随着这些产品制造技术的成熟，会被很多生产者仿制，垄断优势就会逐渐消失。

产品的生命周期指的是一种产品从导入、增长、成熟到衰退的整个兴衰过程，可分为三个阶段，即产品创新阶段、产品成长和成熟阶段、产品标准化阶段。在产品创新阶段，企业垄断产品的生产技术，此时在本国生产就可以获得较高的利润，所以在此阶段主要通过出口来满足市场需求，基本不会出现企业的跨国投资行为。在产品成长和成熟阶段，由于生产技术不断扩散，厂商的垄断优势逐渐减弱，市场的竞争也更加激烈，而且成本因素在竞争中发挥着越来越重要的作用。此时，为了将生产成本降低，企业开始对外直接投资并在国外建立子公司进行出口替代，对外直接投资的对象主要选择与本国环境相似但生产成本更为低廉的其他发达国家和地区，增加产品的差异化程度成为创新国企业提升竞争力的主要途径。在产品标准化阶段，产品生产的技术含量大大降低并且已经达到标准化，技术和资本逐渐失去重要性，企业可以进行大规模的批量生产，此时劳动力因素则成为决定产品是否具有比较优势的重要因素。创新国企业会通过国际直接投资将资金投向自然资源丰富且生产成本低的发展中国家，产品生产将在东道国进行，投资国将从东道国获取最终产品以满足国内需求。同时，创新国又会开始新一轮的产品和技术创新以维持其在新产品生产技术方面的垄断优势。

（四）比较优势投资理论

比较优势投资理论也称产业选择理论、边际产业扩张论或切合比较优势理论，是 20 世纪 70 年代日本一桥大学教授小岛清（Kiyoshi Kojima）立足于日本的对外直接投资情况提出的，他将大卫李嘉图（Ricardo）的比较优势理论应用到国际直接投资方面。该理论认为，国际分工与比较成本的原则是一致的，不同国家劳动和经济资源的比率存在差异，导致比较成本和比较利润率出现差异，在全球经济一体化的趋势下进行国际贸易时，一个经济体的投资发展不会仅限于国内。一国应生产具有比较优势的产品并出口，在全球范围内配置资源，而随着周围环境的变化，这种产品的比较优势会逐渐消失，因此，应从该国已经处于或即将处于劣势地位的边际产业开始依次进行国际直接投资。

关于对外直接投资的动机，可以分为三类：第一类是自然资源导向型。由于生产规模的扩大与现有资源存量可能存在不匹配的状况，即现有资源不能满足生产需求，为了克服此类问题，该国会投资于东道国的自然资源领域，以此来满足本国发展的生产需求。第二类是劳动力导向型，考虑到劳动力成本在发达国家相对较高，因此发达国家更倾向于将劳动密集型产业转移到劳动成本较低的国家，从而在降低生产成本的同时增加了对劳动力成本更为低廉的国家的劳动密集型产业投资。第三类是市场导向型。其中又可分为属于贸易创造的顺贸易导向型投资和属于贸易替代型的逆贸易导向型投资。该理论首次提出了产业概念，比以前以企业为研究对象的国际直接投资理论更进了一步；此外，该理论还在一定程度上解释了亚洲范围内形成的产业结构梯度转移，即所谓的"雁阵模式"。因此，依据比较优势理论，发达经济体会优先选择对劳动密集型产业和资源密集型产业进行对外直接投资。

（五）国际生产折中理论

英国学者邓宁（Dunning，1977）在将垄断优势理论、内部化理论、区位理论等进行融合的基础上，从跨国公司微观和东道国宏观层面研究对外直接投资，将企业的特定垄断优势与国家的区位和资源优势相结合，创建了国际生产折中理论，并对跨国公司参与国际经济活动时对国际直接投资、出口贸易或许可证交易的选择问题进行解释，成为当代主流的对外直接投资理论。1981 年，邓宁在《国际生产和跨国企业》一书中对该理论又进行了进一步阐述。

国际生产折中理论的核心是，如果一个企业要对外直接投资，则必须具备 OLI 范式，即所有权特定优势、内部化特定优势和区位特定优势。所有权特定优势是指企业相对于国外竞争者所特有的优势，包括有形优势和无形优势。有形优势如规模经济、营销渠道、更好的技术、组织管理能力等，无形优势主要包括商标、品牌等优势。当企业具备规模经济或垄断力量时，企业会选择进行国际直接投资。内部化特定优势根源在于外部市场失效，是指跨国公司为避免外部市场不完全对企业利益的影响，运用所有权特定优势，以节约或消除交易成本从而将企业优势保持在企业内部的能力。在同时具备所有权优势和内部化优势的条件下，企业可以通过产品出口来增加利润，并使国际直接投资成为一种可能，相比直接出口或许可证转让等其他方式，跨国公司通过内部化可以达到更好利用自身的所有权优势。不过，和所有权特定优势一样，都是企业进行对外直接投资的必要条件而非充分条件。区位优势是指某一国外市场相对于企业的母国市场在市场环境方面对企业生产经营的有利程度，也就是技术引进国所拥有的要素禀赋、政策和市场环境优势，具体包括当地的外资政策、经济发展水平、市场规模、基础设施、资源禀赋、劳动力及其成本等。企业在东道国进行投资既可以获取廉价的市场资源、劳动力资源和自然资源，同时又可以享受东道国政府给予的政策优惠。区位优势直接影响着跨国公司对外投资建厂的选址及其整个国际化生产体系的布局。

三、发展中国家对外直接投资理论

随着经济全球化的不断发展，发展中国家正在逐步融入全球化的生产网络中，并在世界经济中发挥着越来越重要的作用，其在国际对外直接投资中的地位也在不断上升。由于发展中国家在经济发展水平、基础设施建设水平以及生产技术等方面与发达国家存在较大差距，因此，传统的基于发达国家的对外直接投资理论并不能很好地解释发展中国家的对外直接投资情况，比如，有些不具备垄断优势的发展中国家的对外直接投资仍发展良好。因此，部分学者将研究的重心转向了发展中国家，形成了资本过度积累理论、小规模技术理论、技术地方化理论、技术创新产业升级理论以及投资发展阶段理论等，用以解释发展中国家参与对外直接投资的行为及现象。

（一）资本过度积累理论

资本过度积累理论将发展经济学中的"二元经济结构"理论运用于国际直接投资领域，认为发展中国家存在着具有新技术的现代化工业部门和技术落后的传统农业部门，而二者之间发展的不平衡性导致了个别行业存在资本短缺，其他行业却出现资本过度积累的二元局面，因此资本过度积累的行业为发展中国家进行对外投资提供了可能性。

（二）小规模技术理论

小规模技术理论由美国学者威尔斯（Wells，1977）在对发展中国家的对外直接投资行为进行了深入的研究后提出，并在 1983 年进行了较为系统的阐述。该理论是指发展中国家企业可以利用其小规模生产技术在竞争中获得优势，并被认为是研究发展中国家对外直接投资最具代表性的理论。

威尔斯认为，发展中国家跨国公司的竞争优势主要表现在三方面：一是拥有为小市场需求服务的小规模生产技术。由于发展中国家的经济发展水平有限，其普遍特征是对产品的需求量较低，因此发达国家的大规模生产技术并不适用于发展中国家，大规模生产技术无法从这种小市场需求中获得规模效益。因此，在满足小市场需求方面，发展中国家更具竞争优势。二是拥有当地采购和特殊产品优势。发展中国家对外投资主要是为服务于国外同一种族团体的需要而建立，"种族产品"是发展中国家国际直接投资的 一种重要存在形式。三是拥有物美价廉优势。与发达国家相比，发展中国家生产成本较低并且通常采取低价政策，因此发展中国家的产品在国际市场中也具备一定的竞争力，这也是其抢占市场份额的重要武器。不过该理论始终将发展中国家在技术的创新活动局限于对现有技术的继承和使用上，认为发展中国家生产产品所使用的技术是降级技术，这不仅导致发展中国家的企业在国际生产的链条中被边缘化，而且无法解释发展中国家高新技术企业的对外投资行为。

（三）技术地方化理论

技术地方化理论由英国学者里尔（Lall，1983）提出，理论诞生基于对印度跨国公司的竞争优势和投资动机进行了深入研究，是阐述发展中国家通过对技术的引进和创新从而进行国际直接投资行为的一种理论。里尔认为，发展中国家在引进发达国家的成熟技术之后，根据自身特点对其进行创新和升级，将这种技术当地化，再将这种当地化的技术投资到与母国经济环境相似的国家和地区，由此可形成具有本国特色的国际直接投资竞争优势。这一理论不仅分析了发展中国家企业的国际竞争优势，而且强调了形成竞争优势所特有的企业创新活动。

技术地方化，是指发展中国家的跨国公司可以对外国技术进行消化、改进和创新，从而使得产品更适合自身的经济条件和需求。里尔强调，发展中国家的创新过程是企业技术引进的再生过程，而非单纯的被动模仿和复制，还包含企业本身的创新投入，主要表现在对外来先进生产技术的吸收和引进，以及促进在技术学习的过程中进行自主创新，这种创新的过程也正是发展中国家的跨国企业所具备的优势。这种创新技术可以更好地满足发展中国家当地特色化、小规模等方面的需求，从而推动更高的经济效益的产生。

（四）技术创新产业升级理论

技术创新产业升级理论由英国学者约翰·坎特威尔（John Cantwell）与其学生托伦蒂诺（Tolentino）在对发展中国家对外直接投资问题进行了系统考察后提出。技术创新产业升级理论强调技术创新对一国的经济发展至关重要，是一国产业和企业发展的根本动力。该理论认为，发展中国家利用长期以来具备的学习经验和组织能力来掌握和开发现有的技术，并按照本土化特点进行一定程度的改进。发展中国家对外直接投资的产业选择由传统产业逐渐转向高技术产业部门，投资区域也由发展中国家转向发达国家。

（五）投资发展阶段理论

英国学者邓宁（Dunning）于 20 世纪 80 年代初提出，将国际生产折中理论从企业层次推论到国家层次，并阐述了处于经济发展阶段不同的国家，其所有权、内部化和区位优势是不同的。核心命题是发展中国家所处的经济发展阶段和该国所拥有的所有权优势、内部化优势和区位优势决定了该国对外直接投资的规模。邓宁通过对 67 个发达国家和发展中国家在 1967~1978 年的对外投资流出和流入量分析后，发现一个国家的人均国民生产总值达到一定水平后就与对外投资流入和流出有关。一般而言，一个经济体的经济发展水平越高，其吸引外商直接投资和进行对外直接投资的能力也越高。具体可以分为四个阶段：第一阶段为人均 GDP 低于 400 美元，由于该类经济体通常经济发展水平不高，不仅不具备所有权优势和内部化优势，更无法充分利用区位优势，因此，此阶段内外商直接投资流入和流出均较低；第二阶段为人均 GDP 位于 400～2500 美元区间，此时区位优势开始出现，外商直接投资流入开始增加，而流出较低，尽管国内市场需求量增大，投资环境有所改善，但仍不具备所有权优势和内部化优势；第三阶段为人均 GDP 位于 2500～4750 美元区间，此阶段经济体的经济发展水平大幅增长，本国所有权优势和区位优势上升，此时外商直接投资和对外直接投资的规模均较大，但净对外直接投资依旧为负；第四阶段为人均 GDP 位于 4750 美元以上，本国所有权优势和内部化优势进一步上升，此时对外直接投资规模快速上升且明显超过外商直接投资，总体呈现外商直接投资的净流出。

第三章

贸易摩擦和中国双向 FDI 互动 发展历程与现状分析

第一节　贸易摩擦的发展历程与现状分析

有贸易就不可避免出现贸易摩擦，贸易摩擦并不是现代社会才有的经济现象。据记载，早在中国西汉时期，就曾出现过贸易摩擦现象。西汉时期，汉朝与匈奴之间开辟了丝绸之路，汉朝由于限制铁制品的出口与匈奴经常发生贸易摩擦，此时，由于科技发展水平的限制，贸易摩擦大多发生在相邻国家之间。到了 15 世纪末，欧洲人开辟新航路，打破了世界各地相对隔绝的状态，加快了全球的交流，贸易摩擦开始出现全球性的特征。随着第一次工业革命的爆发，人类正式进入蒸汽时代，生产力得到了快速的提升，这极大地推动了对外贸易的发展。在这个大变革时代，由于贸易、殖民地等问题矛盾重重，资本主义国家之间的贸易冲突时常发生，尤其是英法贸易冲突持续了近百年的时间，它们互相通过加征关税等措施，限制对方相关产业的发展。随后，第二次工业革命爆发，这一革命宣告人们进入了电气时代，一系列的发明开始涌现，电报、电话、内燃机等新生工具更加方便了全球的交流。但与此同时，西方国家内部为了争夺殖民地和掠夺资源，发生了严重的贸易冲突，新兴资本主义国家对传统资本主义国家造成了严重的威胁，后起资本主义国家德国和美国成为贸易摩擦的主要阵地。1930 年，为保护国内市场，美国出台《斯穆特—霍利法案》（The Smoot-Hawley Tariff Act），提高了关税，与加拿大、西班牙、法国等多国发

生贸易摩擦。二战后，信息技术高速发展，经济全球化不断推进，催生了
国际化生产、加工贸易、外包等新型的生产方式和贸易模式，并在这种分
工模式下逐渐形成了全球价值链。各国对外贸易规模和范围不断扩大，贸
易摩擦随之增加，发生贸易摩擦的国家范围也有所扩大，既有发达国家与
发达国家之间的贸易摩擦，如美日贸易摩擦，也有发达国家和发展中国家
之间的贸易摩擦，如中美贸易摩擦。

一、中国贸易摩擦的发展历程

近代以来，从中国遭遇贸易摩擦的历史来看，贸易救济措施历来都是
国外对中国挑起贸易摩擦的主要手段。因此，中国对外贸易摩擦的演变轨
迹和国际对华贸易救济措施的演变轨迹基本上是相同的。基于此，本节主
要以中国遭遇的贸易救济措施为基础，分析了中国对外贸易摩擦的演变与
特征。图 3 - 1 显示了 1979 ~ 2020 年中国与世界传统贸易摩擦立案调查的
情况。根据中国和世界的贸易摩擦情况，可将其分为如图 3 - 2 所示的三个
阶段。

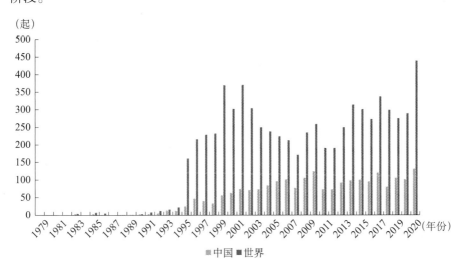

图 3 - 1　1979 ~ 2020 年中国与世界传统贸易摩擦立案调查情况对比

资料来源：中国贸易信息救济网。

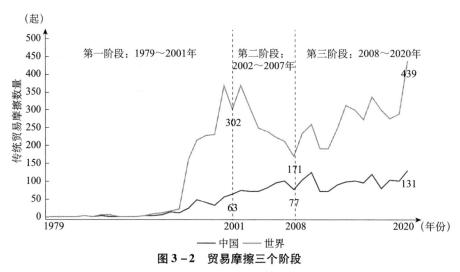

图 3 - 2　贸易摩擦三个阶段

资料来源：作者绘制。

（一）第一阶段：改革开放至中国加入世界贸易组织之前

20 世纪 80 年代以后，围绕和平与发展两大主题，国际局势趋向缓和。随着冷战结束，欧盟、北美自由贸易区、东盟自由贸易区等区域性贸易组织的相继建立，跨国公司的蓬勃发展推动了经济全球化的趋势，国际贸易迅速发展，各国之间的国际贸易摩擦也日趋激烈。在此阶段，世界贸易摩擦的案件数量迅速增加。而中国自 1978 年改革开放以来，走上了一条对外开放型的经济发展道路。随着中国与其他国家在政治外交等方面关系的逐渐缓和，中国与其他国家的双边经贸关系也越发密切。从表 3 - 1 中可以看出，1979 年进出口贸易总额是 293.3 亿美元，其中出口贸易额是 136.6 亿美元，进口贸易额是 156.7 亿美元。到 2001 年，进出口贸易总额是 5096.5 亿美元，其中出口贸易额是 2661.0 亿美元，进口贸易额是 2435.5 亿美元。中国外贸的增长也引起了越来越多的贸易摩擦。20 世纪 80 年代，全球对中国发起的贸易救济案件的总和仅为个位数，与我国发生贸易摩擦的国家也较少，只有欧盟和美国对我国出口商品实施过反倾销制裁，涉案行业为化学原料和制品工业、金属制品工业和非金属制品工业。到了 20 世纪 90 年代，全球对中国发起的贸易救济案件直线上升，对中国出口商品提起反倾销调查的国家上升了近 30 个，除了美国、欧盟等发达国家和地区外，巴西、土耳其等发展中国家也纷纷对我国出口商品提起反倾销调查，涉案行业也呈现出多样化的形势。尽管如此，中国贸易摩擦案件仍然仅占全球贸易摩擦案件的一小部分。

表 3 – 1　　　　　1979 ~ 2001 年中国货物进出口情况统计

年份	进出口贸易总额（亿美元）	增长率（%）	出口贸易额（亿美元）	增长率（%）	进口贸易额（亿美元）	增长率（%）	贸易差额（亿美元）
1979	293.3	42	136.6	40.2	156.7	43.9	− 20.1
1980	381.4	30.0	181.2	32.7	200.2	27.8	− 19
1981	440.3	15.4	220.1	21.5	220.2	10.0	− 10
1982	416.1	− 5.5	223.2	1.4	192.9	− 12.4	30.3
1983	436.2	4.8	222.3	− 0.4	213.9	10.9	8.4
1984	535.5	22.8	261.4	17.6	274.1	28.1	− 12.7
1985	696.0	30	273.5	4.63	422.5	54.1	− 149
1986	738.5	6.1	309.4	13.1	429.1	1.6	− 119.7
1987	826.5	11.9	394.4	27.5	432.1	0.7	− 37.7
1988	1027.9	24.4	475.2	20.5	552.7	27.9	− 77.5
1989	1116.8	8.7	525.4	10.6	591.4	7.0	− 66.0
1990	1154.4	3.4	620.9	18.2	533.5	− 9.8	87.4
1991	1357.0	17.6	719.1	15.8	637.9	19.6	81.2
1992	1655.3	22.0	849.4	18.1	805.9	26.3	43.5
1993	1957.0	18.2	917.4	8.0	1039.6	29.0	− 122.2
1994	2366.2	20.9	1210.0	31.9	1156.1	11.2	54
1995	2808.6	18.7	1487.8	23.0	1320.8	14.3	167
1996	2898.8	3.2	1510.5	1.5	1388.3	5.1	122.2
1997	3251.6	12.2	1827.9	21.0	1423.7	2.6	404.2
1998	3239.5	− 0.4	1837.1	0.5	1402.4	− 1.5	434.7
1999	3606.3	11.3	1949.3	6.1	1657.0	18.2	292.3
2000	4742.9	31.5	2492.0	27.8	2250.9	35.8	241.1
2001	5096.5	7.5	2661.0	6.8	2435.5	8.2	225.5

资料来源：历年《中国贸易外经统计年鉴》。

（二）第二阶段：加入世界贸易组织之后至 2008 年金融危机爆发

加入世界贸易组织之后，中国对外贸易进入一个全新的阶段。中国积极融入全球贸易体系，与多个国家紧密合作，中国对外贸易高速增长。从表 3 - 2 中可以看出，2002 年进出口贸易总额是 6207.7 亿美元，其中出口贸易额是 3256.0 亿美元，进口贸易额是 2951.7 亿美元。到 2007 年，进出口贸易总额是 21765.7 亿美元，其中出口贸易额是 12204.6 亿美元，进口贸易额是 9561.2 亿美元。进出口贸易总额年均增长率达 27.53%，出口贸易总额的年均增长率达 29%，进口贸易总额的年均增长率达 25.88%。同时，贸易摩擦也随之开始趋于激烈。2001 年中国加入世贸组织到 2008 年金融危机爆发前这一期间，随着国际市场的逐步开放，WTO 成员方针对中国出口产品逐渐取消了数量限制和关税等传统贸易壁垒，但反倾销、反补贴等贸易摩擦案件不断增加。在全球贸易摩擦数量开始呈现逐步下降趋势时，同期中国遭受贸易摩擦立案调查的数量却在不断增长，中国遭遇贸易摩擦立案调查的数量占全球总数量的比重也迅速上升。2002～2008 年，每年中国遭遇的贸易摩擦案件基本保持在 70 起以上。其中，反倾销是贸易摩擦的主要手段，中国遭受的反倾销调查数常年占全球反倾销调查总数的 25% 以上，遭受的反倾销措施也在不断增加。除反倾销之外，反补贴、保障措施和"特保"调查等贸易摩擦案件也有增无减。在此期间，中国充分利用由廉价劳动力而形成的价格竞争优势，比如，中国的轻工、纺织等劳动密集型产品，并在短时期内迅速抢占国际市场。因此，纺织等劳动密集型行业的出口商品遭遇的贸易救济措施迅速增加，中国遭受的贸易救济案件的涉案行业中纺织等劳动密集型行业的占比也大幅增长。此外，中国在巩固和发展传统外贸市场的同时，不断努力开拓新的市场，特别是广大发展中国家和地区的市场，这使得中国对外贸易的区域格局呈现出多元化的趋势，但是同中国发生贸易摩擦的国家和地区也越来越多。中国与印度、土耳其、阿根廷、巴西等发展中国家竞争加剧，因此发展中国家对中国贸易摩擦增长也更加迅速。以反倾销为例，2002～2008 年，中国共遭遇反倾销调查 418 起，其中发展中国家对中国发起反倾销案件占总数的一半以上。

表 3 – 2　　　　　　　　　2002 ~ 2007 年中国货物进出口情况统计

年份	进出口贸易总额（亿美元）	增长率（%）	出口贸易额（亿美元）	增长率（%）	进口贸易额（亿美元）	增长率（%）	贸易差额（亿美元）
2002	6207.7	21.8	3256.0	22.4	2951.7	21.2	304.3
2003	8509.9	37.1	4382.3	34.6	4127.6	39.8	254.7
2004	11545.5	35.7	5933.3	35.4	5612.3	36.0	320.9
2005	14219.1	23.2	7619.5	28.4	6599.5	17.6	1020.0
2006	17604.4	23.8	9689.8	27.2	7914.6	19.9	1775.2
2007	21765.7	23.6	12204.6	26.0	9561.2	20.8	2643.4

资料来源：历年《中国贸易外经统计年鉴》。

（三）第三阶段：金融危机全面爆发至今

2008 年金融危机以来，许多国家面临国内经济低迷、失业率高的局面，为恢复国内经济，各国纷纷采取"以邻为壑"的政策，贸易保护主义迅速在全球范围内蔓延，全球贸易摩擦数量迅速增长。在其他国家经济低迷的同时，中国经济却多年保持着每年 6% 左右的增长速度。中国对外贸易对中国经济发挥重大作用的同时，在外贸领域也已经触犯了他国的利益。从表 3 – 3 中可以看到，尽管个别年份中国货物进出口额出现负增长情况，但总体而言，中国贸易总额特别是出口总额仍然保持在较高水平。2008 年以来，中国与他国的贸易摩擦始终保持着较高水平。中国由于巨额的进出口贸易额、非市场经济地位以及出口产品结构的特殊性等原因，成为遭受贸易伙伴国发起贸易救济调查案件最多的国家。尽管 2010 年世界经济已经开始明显复苏，但是全球范围内的贸易保护并没有因此减弱，各类限制贸易的措施依然被频繁使用，中国发生贸易摩擦的频次仍然处于较高水平。根据中国贸易救济信息网统计，2009 年全球对中国启动了贸易调查124 起，创历史最高水平；2010 年全球对中国贸易救济调查数量有所下降，共发生 73 起，但随后全球对中国启动的贸易调查案件逐年增加，并在2016 年达到新的峰值。除此之外，各种隐形贸易保护措施，如技术性贸易壁垒、知识产权保护也开始被频繁使用。

表 3 - 3   2008 ~ 2020 年中国货物进出口情况统计

年份	进出口贸易总额（亿美元）	增长率（%）	出口贸易额（亿美元）	增长率（%）	进口贸易额（亿美元）	增长率（%）	贸易差额（亿美元）
2008	25632.6	17.8	14306.9	17.2	11325.7	18.5	2981.2
2009	22075.4	-13.9	12016.1	-16.0	10059.3	-11.2	1956.8
2010	29740.0	34.7	15777.5	31.3	13962.4	38.8	1815.1
2011	36418.6	22.5	18983.8	20.3	17434.8	24.9	1549.0
2012	38671.2	6.2	20487.1	7.9	18184.1	4.3	2303.0
2013	41589.9	7.6	22090.0	7.8	19499.9	7.2	2590.1
2014	43030.4	3.5	23427.5	6.1	19602.9	0.5	3824.6
2015	39586.4	-8.0	22765.7	-2.8	16820.7	-14.2	5945.0
2016	36849.3	-6.8	20974.4	-7.7	15874.8	-5.5	5099.6
2017	41071.4	11.4	22633.5	7.9	18437.9	16.1	4195.5
2018	46224.2	12.5	24866.8	9.9	21357.3	15.8	3509.5
2019	45778.9	-1.0	24994.8	0.5	20784.1	-2.7	4210.7
2020	46559.1	1.7	25899.5	3.6	20659.6	-0.6	5239.9

资料来源：历年《中国贸易外经统计年鉴》。

二、贸易摩擦的现状

自 2008 年国际金融危机以来，全球贸易摩擦频发，贸易保护主义迅速抬头。随着中国贸易总额的逐年增加，中国与其他国家的贸易摩擦也越来越多。目前，中国正处于对外贸易摩擦的高峰期。如表 3 - 4 所示，从 1995 ~ 2020 年全球贸易救济案件立案数量前 10 位国家和地区的比较来看，中国、韩国、美国、印度、中国台湾、日本、泰国、印度尼西亚、马来西亚、欧盟是遭受贸易救济案件数量前 10 的国家和地区，其中中国遭受的贸易救济案件数量最多，是排行第二的韩国的四倍多。中国贸易救济信息网案件库进行出口应诉的案件搜索显示，仅 2017 ~ 2020 年，全球对中国发起了贸易救济案件就有 414 起。其中，反倾销 265 起，占比 64.01%；反补贴 71 起，占比 17.15%；保障措施 78 起，占比 18.84%。

位次	国家（地区）	立案数
1	中国	2134
2	韩国	489
3	美国	388
4	印度	338
5	中国台湾	338
6	日本	274
7	泰国	266
8	印度尼西亚	259
9	马来西亚	202
10	欧盟	193

表 3 – 4　　1995~2020 年主要国家（地区）遭受贸易救济案件比较　单位：起

资料来源：中国贸易信息救济网。

如图 3 - 3 所示，2017~2020 年，美国、印度、欧盟、阿根廷、澳大利亚是对中国发起贸易救济案件数量前 5 的国家和地区。美国、印度是我国所遭受贸易摩擦的主要来源国。在 2017~2020 年中国所遭受的四类贸易救济措施中，有 84 起来自美国，有 68 起来自印度，远超其他国家。

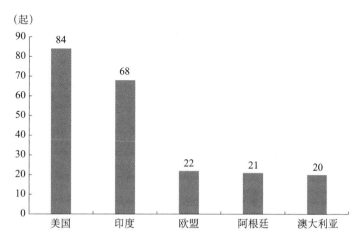

图 3 - 3　2017~2020 年对中国发起贸易救济案数量前 5 的国家和地区

资料来源：中国贸易信息救济网。

图 3 - 4 显示了2008～2022 年中国出口应诉案件数量。近年来，中国的对外贸易摩擦处于高峰期，每年中国遭遇的贸易摩擦案件基本保持在 70 起以上，2009 年和 2020 年中国遭遇的贸易摩擦案件总数超过 120 件。中国近年来面临的贸易救济案件主要以反倾销为主，反倾销案件数量占贸易救济案件的 60% 以上。每年中国遭遇的反补贴和保障及特保措施案件数量相对稳定，处于 10～20 起之间。

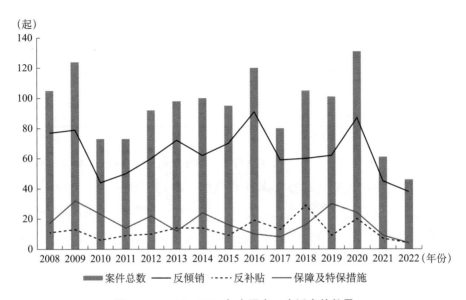

图 3 - 4 2008～2022 年中国出口应诉案件数量

资料来源：中国贸易救济信息网。

近年来，贸易保护主义抬头，中国与其他国家之间贸易纠纷正在逐渐增多，这对中国与其他国家的经贸关系有着非常重要的影响。因此，本节研究双方贸易摩擦的新趋势及新特点有着重要的现实意义。中国贸易摩擦主要有以下五个特点。

（一）贸易摩擦形式发生转变

近年来，虽然反倾销依然是中国遭遇贸易摩擦的主要形式，但是其重要性与影响正在因客观因素的改变而下降。同时，反补贴、保障措施和特别保障措施的使用频率开始不断地提高。自 2004 年加拿大对中国烧烤架实施首次反补贴调查以来，中国遭受的反补贴调查数量呈现出明显增长趋势。自 2006 年起，中国一直是世界上遭遇反补贴调查的主要国家之一。除了反倾销和反补贴之外，保障措施和特保措施也正在成为潜在威胁。2008 ~ 2020 年，全球对中国发起的贸易救济案件中，保障措施 234 起，特别保障措施 14 起。

（二）贸易摩擦的发起国由发达国家向发展中国家扩散

目前，美国、欧盟等发达国家和地区依然是对中国贸易摩擦的主要发起方，但是，从入世以来中国遭遇贸易摩擦的数量增长态势来看，中国与一些发展中国家和地区贸易摩擦数量的增势非常明显。在 20 世纪 80 年代，发达国家和地区对中国的反倾销占中国遭遇反倾销总数的 90% 以上。自中国加入 WTO 后，印度在很多年份中超过了美国和欧盟对中国的反倾销调查，成为全球对中国反倾销立案调查中最多的国家。截至 2020 年底，印度成为对中国发起反倾销调查最多的国家。除了印度以外，阿根廷、土耳其、墨西哥、巴西、南非等发展中国家和地区对中国发起贸易摩擦的数量也在不断增多，发起贸易摩擦的频率也在不断上升。

（三）贸易摩擦涉及行业日益广泛

如图 3 - 5 所示，2002 ~ 2006 年，中国贸易摩擦涉及的行业主要以纺织工业、化学原料和制品工业以及金属制品工业为主。这是由于在加入 WTO 的最初几年，中国纺织品等劳动密集型产品成本优势明显，并迅速占领了国际市场，这些优势产品也成为了国际贸易摩擦的重灾区。经过 20 年的发展，其他国家对我国发起贸易摩擦的领域仍然有很大一部分集中在劳动密集型产业，如纺织行业，但所占比例已经有所减少。2008 年的全球金融危机促使西方资本主义国家开始意识到制造经济的重要性，各国纷纷重振制造业，其重点在钢铁等领域。当中国钢铁产品在本国市场的高占有率受各国政府的关注后，中国自然成了各国发动贸易摩擦的主要对象，因此，近年来中国钢铁行业发生贸易摩擦较为频繁。此外，中国在积极探索如何优化产业结构和出口结构时，不断对其调整升级，研发能力也逐步提升，一些新兴优势行业逐渐崛起，如汽车、通信设备等行业。其他国家对我国贸易摩擦的领域也开始向这些行业延伸，贸易摩擦的产品由低附加值产品扩到高附加值产品。因此，从长远分析，劳动密集型贸易摩擦会呈下降的态势。随着我国出口产品数量持续增多、出口产品种类增加，我国遭受贸易摩擦诉讼案件所涉及的行业也越发广泛。

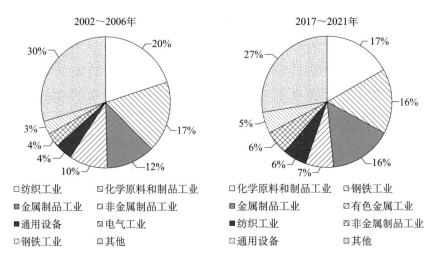

图 3-5　中国发生贸易摩擦的行业比较

资料来源：中国贸易信息救济网。

（四）贸易摩擦手段向多样化转变

如表 3-5 所示，贸易摩擦可分为显性贸易摩擦和隐性贸易摩擦两大类。随着国际贸易的发展，不同时期的贸易摩擦呈现出不同的形式。关税、配额、进口许可证和出口管制等贸易保护手段是早期的贸易摩擦形式。随着世界经济一体化的发展和国际性贸易组织的推动，这些贸易保护手段已经逐步退出历史舞台，取而代之的，是反倾销、反补贴和保障措施（即"两反一保"措施），成为国际上最主要的贸易摩擦形式。目前，中国遭遇的贸易摩擦中最频繁的是反倾销。随着社会的进步、居民收入水平的提高及综合素质的提升，消费者对于生活质量也有了更高的要求，如产品是否绿色健康、有无安全隐患、对环境是否造成污染等。一些国家以这种标准为依据对国外产品的进口设置了门槛。我国对这种标准还不够重视，导致我国产品在进入国际市场时常因保护知识产权、各类标准不达标等理由受到抵制。相应的，知识产权保护、技术标准、卫生检验检疫标准、劳工条件、环境保护、社会责任要求等隐性贸易摩擦也在不断增加。

表 3－5　　　　　　　　　　国际贸易摩擦的形式与分类

类型	具体形式	备注
显性贸易摩擦	关税、配额、进口许可证、自愿和强制性的出口管制等	早期的贸易摩擦形式
	反倾销、反补贴、保障措施	WTO 允许的临时性贸易保护措施所导致的贸易摩擦形式
隐性贸易摩擦	技术性贸易壁垒、环境壁垒、社会壁垒	环保公约、TBT/SPS、特别 301 条款等

（五）贸易摩擦涉案金额不断攀升

产品的对外出口，不仅使出口企业获取超额利润，也是助力一国经济增长的主要方式之一。出口额的增加也为国家的经济发展注入了新动力。自中国加入 WTO 以来，中国与发展中国家贸易关系日益紧密。我国的出口产品以物美价廉的优势占据发展中国家一定的市场份额，从而获得收益。但这在一定程度上形成发展中国家相关产业发展的桎梏，低价的策略使得进口国的产品丧失优势，部分企业积极性受挫甚至被迫退出市场，国家的利益也受到威胁。这就让发展中国家不得不为了保护本国企业而对华实施反倾销，加大对华进行反倾销立案调查。2004 年之前，印度对华涉案金额每年不足 1 亿美元，这不足以对中国的出口造成威胁；但在 2004 年之后，印度对华反倾销诉讼无论从案件数量还是从涉案金额来讲，都足以引起中国政府的重视。据商务部统计，2008 年印度对华反倾销涉案金额最高约为 17 亿美元。2016 年，印度商业和工商部分别对中国进口的彩涂板和热轧板发起反倾销调查，涉案产品金额分别为 3.4 亿美元和5.3 亿美元。随着印度贸易保护主义抬头，印度对华反倾销涉案所涉金额将持续攀升。

三、贸易摩擦成因分析

根据中国贸易救济信息网统计，2002～2021 年，这 30 年来，全球对中国发起的贸易救济案件共 1857 起，中国对全球发起的贸易救济案件仅 281 起。中国与其他国家之间的贸易冲突主要由其他国家发起。国家不同，贸易摩擦的生成因素也会有所不同。我国与其他国家的贸易摩擦按照国家类别可划分为两类，分别是发达国家与中国贸易摩擦成因、发展中国家与中国贸易摩擦成因。

（一）发达国家对中国贸易摩擦成因解析

1. 贸易失衡

与发达国家相比，中国劳动力等资源环境要素成本低，为了获得更高的国际超额利润，发达国家将早已完成了的劳动密集型产业和价值链生产环节向中国转移，自己则主要从事资本、技术密集型产业和价值链环节的生产。发达国家为满足国内生产生活的需要会从中国进口大量产品，由此产生巨额的贸易逆差；发达国家本可以在其具有比较优势的高科技领域加大对中国的出口，以弥补自身在货物贸易领域的逆差，但是，为了遏制中国的崛起，发达国家往往在高科技领域实行严格的出口管制，设置技术壁垒，比较优势难以充分发挥，其贸易失衡现象加剧。为解决本国的贸易失衡问题，发达国家经常以贸易逆差为理由向中国挑起贸易摩擦。

2. 经济发展模式的差异

发展中国家和发达国家面临的经济形势和经济问题不同，其发展模式也存在差异。通常而言，发达国家市场较为健全，一般以自由主义经济制度为标准。中国还处于发展中阶段，其市场尚未成熟，调节能力较弱，为维持经济体系的正常运行，中国政府常常采取增加进口关税、提供出口补贴等措施对进出口贸易干预。因此，发达国家认为中国的行为扰乱了国际经济秩序，导致其遭受不公平待遇。发达国家经济利益受损，进而向中国挑起贸易摩擦，其中以"双反"调查最为普遍。

3. 发达国家国内经济利益关系矛盾与冲突的外部转移

一方面，随着资本有机构成的不断提高，发达资本主义国家中下阶层正遭遇剥削力度加大的困境。首先，资本有机构成的提高使工人随机器的发展而被排斥，低技能工人面临失业，劳动力市场供求失衡助长了资本家压低工人工资的话语权，劳动者工资收入下降，工作时间被延长。其次，资本有机构成的提高还降低了利润率，为了弥补利润率下降的损失，资本家会延长工作日，增加必要剩余劳动时间，加大对工人的剥削，使得中下阶层的生活状况越发糟糕。另一方面，新自由主义全球化使得资本在全球范围内不断扩张，大资本家、银行家和垄断财团从经济全球化中获得了巨额利润，与此相反，普通民众的利益却逐渐被吞噬。为降低生产成本，发达国家将本国的劳动密集型产业和生产环节不断转移至发展中国家，以充分利用其丰富且廉价的劳动力资源。因此，来自发展中国家的劳动力供给对发达国家的工人，尤其是低技能工人造成了剧烈冲击，失业人数上升。面对发达国家内部贫富差距不断扩大的境况，政府并没有对利益受损群体做出应有的补偿，结果导致赢家与输家的矛盾越发难以调和，尤其是在经济下行时期，利益受损群体在克服了"选择性激励"后开始作为一个集体进行反抗。但是，政府为转移国内视线，缓和阶级矛盾，往往把问题归咎于经济全球化，让本国劳动者认为是发展中国家抢走了他们的饭碗。因此政府会采取与自由主义相反的保护主义贸易政策，向发展中国家挑起贸易摩擦。

4. 维护本国在世界体系中的绝对优势

在世界经济中处于领导地位的发达国家更容易在自由贸易中获得利润。当中国快速发展、实力越来越接近或赶超发达国家的时候，其无论是从政治上还是经济上都会对发达国家造成极大的威胁。为维持本国的地位，霸权国便会采取贸易保护主义手段，如科技战、金融战、贸易战等打压中国，摧毁原有的国际经济秩序，以谋取更多的相对利益，维护自身绝对优势，遏制中国崛起。

专栏一　中欧贸易摩擦案例 ··

自中国加入 WTO 以来，中欧经贸关系日趋紧密，根据欧盟统计局的数据，中国在 2020 年首次超越美国，成为欧盟最大贸易伙伴。2008~2020 年中欧贸易总额及中国向欧盟出口情况见表 3-6。

表3-6	2008~2020 年中欧双边贸易		单位：亿美元
年份	进出口总额	出口总额	进口总额	贸易逆差
2008	2931.48	1326.36	4257.84	1605.12
2009	2332.23	1271.18	3603.41	1061.05
2010	3075.65	1672.91	4748.56	1402.74
2011	3559.75	2111.58	5671.33	1448.17
2012	3339.59	2120.78	5460.37	1218.81
2013	3375.64	2198.32	5573.96	1177.32
2014	3708.84	2442.55	6151.39	1266.29
2015	3558.16	2087.66	5645.82	1470.50
2016	3392.56	2081.36	5473.92	1311.20
2017	3720.31	2449.7	6170.01	1270.61
2018	4085.10	2734.84	6819.94	1350.26
2019	4288.07	2766.4	7054.47	1521.67
2020	2931.48	1326.36	4257.84	1605.12

资料来源：历年《中国贸易外经统计年鉴》。

中国是欧盟最重要的贸易伙伴国之一，但是随着反经济全球化和欧债危机，中欧贸易摩擦不断升级。当前，欧盟针对中国存在各种形式的贸易壁垒，并有不断强化的趋势。中欧贸易摩擦有以下几种成因。

1. 中欧贸易失衡日益严重，贸易摩擦逐渐增多

随着中欧贸易关系日趋紧密，贸易失衡的问题日益凸显。自 2000 年以来，我国对欧盟贸易一直处于顺差状态，顺差额从 2000 年的 449 亿美元增长至 2019 年的 2210 亿美元。贸易失衡问题已成为影响中欧经贸关系的重要因素之一，也成为中欧关系博弈的焦点。在持续大额贸易顺差的推动下，中欧贸易摩擦日趋频繁，摩擦领域也随之扩大。

1995～2020 年，欧盟对中国发起的贸易救济案件中，反倾销 147 起，反补贴 16 起，保障措施 5 起，特别保障措施 10 起，中国是欧盟发起调查最频繁的国家之一。

2. 双边贸易结构不平衡，中国出口产品对欧洲市场造成冲击

近年来，中欧双方互为重要贸易伙伴，但双边贸易的产业结构却不在同一水平上。一方面，欧盟对华出口的主要优势集中在高科技产业上，但欧盟对华一贯采取歧视政策，限制高科技产品对中国的出口，导致中欧贸易结构无法形成良性的产业互补。另一方面，中国对欧盟出口以劳动密集型产业为主。由于欧盟劳动密集型产品的成本较高，相较中国几乎毫无优势可言，因此中国大量劳动密集型产品涌入欧盟市场后，对欧盟市场造成了巨大冲击。在中欧贸易利益不均衡的背景下，欧盟必然会采取政策措施打压自中国进口的产品。而且中欧双边贸易地位不对等，中国对欧盟市场的依赖性高于欧盟对中国市场的依赖性，更加剧了欧盟对中国出口产品制裁的随意性。

3. 中欧竞争日益加大，欧盟保护主义思潮蔓延

伴随着中国经济实力和综合国力的提高，而欧盟的相对实力则因金融危机和欧债危机而有所下滑。欧盟内部来自中国的竞争削弱了欧盟国际竞争力，造成欧盟经济持续低迷的论调比以往更为喧嚣，欧盟对中国的战略定位也逐渐有所改变。在 2019 年 3 月欧盟委员会公布的《欧中战略前景》中，欧盟首次将中国称为"系统性竞争对手"，视中国为欧盟在经济、社会和政治等领域的最大的竞争者，在对华贸易政策也显现出越发强烈的对抗性思维，经济保护主义倾向不断增强。

专栏二 **中美贸易摩擦案例** --------

2018 年 3 月 22 日，美国决定根据 301 调查对中国实施贸易制裁，指示有关部门对中国实施贸易限制，对从中国进口的 600 亿美元货物加征关税，并限制中国公司进入美国进行投资并购，宣布将对中国的航空航天、信息通信技术、机械和其他产品征收 25% 的关税。2018 年 7 月 11 日，美国政府宣布将对从中国进口的约 2000 亿美元的产品征

收 10% 的关税。2018 年 8 月 2 日，税率将提高到 25%。2018 年 9 月
18 日，美国政府正式宣布实施对从中国进口的约 2000 亿美元的商品
加征关税的措施，自 2018 年 9 月 24 日起加征关税税率为 10%，从
2019 年 1 月 1 日起加征关税税率提高到 25%。2019 年 5 月 5 日，特朗
普表示将从 5 月 10 日起，对价值 2000 亿美元的中国商品加征关税从
10% 调高至 25%。中美贸易摩擦自 2018 年上半年爆发以来，双方一
直在不断博弈中，其间，中美双方在外贸领域都发挥着各自的作用，
中美贸易摩擦的主要事件见表 3 - 7。

表 3 - 7 中美贸易摩擦主要事件

时间	主要事件
2018 年 3 月 8 日	美国从 3 月 23 日起对所有进口钢铁和铝商品征收 25% 和 10% 的关税
2018 年 4 月 4 日	美国发布 "301 调查" 税收列表，对原产于中国的进口商品加征 25% 的关税，涉及金额约 500 亿美元
2018 年 7 月 6 日	美国海关宣布对首批 818 种且价值 340 亿美元的中国商品收取 25% 的关税
2018 年 8 月 3 日	中国决定对原产于美国的约 600 亿美元商品加征不等的关税
2018 年 9 月 18 日	美国对于价值约 2000 亿美元的中国商品加收关税
2019 年 5 月 6 日	美国将对价值 2000 亿美元的进口货物收取 25% 的关税
2019 年 8 月 15 日	美国对价值 3000 亿美元中国商品加征 10% 关税，分两批实施
2019 年 8 月 28 日	美国将对自中国进口的价值 3000 亿美元商品征收关税，税率由 10% 提高至 15%；同时美国也将 2500 亿美元商品的关税税率从 25% 提升至 30%
2019 年 9 月 1 日	美国发起行动，对中国第一批价值 3000 亿美元的对美出口产品征收 15% 的关税
2019 年 10 月 23 日	美国外贸办公室公布了 2000 亿美元加征关税商品清单项下的产品排除公告，本次排除共涉及 83 项产品
2019 年 11 月 8 日	美国外贸办公室公布了新一批 2000 亿美元加征关税商品清单下的产品排除公告，本次共涉及 36 项产品

近年来，中美贸易频繁出现摩擦，其原因较为复杂，主要有以下几种。

1. 美国国内政治的特点

美国分权制衡的权力结构决定了美国对华贸易政策复杂性，尽管每一届政府出于政治实绩的需要，都基本保持了对中国相对温和的态度，但美国国内的各种力量常常出于政治、经济目的，对政府施加压力，挑起中美贸易争端。

2. 中国出口市场过于集中

长期以来，中国出口的主要商品是劳动密集型商品，贸易方式也是以加工贸易为主，使得中国出口商品主要面向发达国家市场，而美国则是中国最主要的出口市场之一，2012 年更是超过了欧盟，成为中国的第一大出口市场。出口市场的集中不仅给中国对外贸易带来了巨大的风险，也容易引起贸易摩擦。一方面，中国对美国出口增长迅速，使美国的贸易逆差不断扩大，引起了美国对中国的警惕。从20 世纪 90 年代中后期开始，美国就将贸易摩擦的矛头主要指向了中国。另一方面，中国向美国出口的主要是劳动密集型商品，对美国劳动密集型产业造成了一定的冲击，带来了部分人口的失业，而这部分失业人口主要是非熟练劳动力，其再就业的难度也较大，从而引起的反弹也比较激烈，对美国政府的压力也大，因此美国一再以失业问题为借口对中国发难。

3. 中美贸易关系的非对称性

从中美贸易发展现状来看，无论是从贸易依存度上还是从进出口商品构成上来看，中国对美国的依赖程度要更高，也决定了贸易关系中两国地位的不对等。如果发生贸易摩擦甚至是中止双方的贸易关系，相对于美国，中国受到的伤害会更大。因此，两国对贸易争端的态度也不同，中国对于中美贸易关系的态度更为谨慎，而美国也往往利用这种不对称的优势，对中国的贸易政策施加影响，迫使中国接受美国的贸易条件。

（二） 发展中国家对中国贸易摩擦成因解析

1. 贸易失衡

中国由于自然资源丰富、劳动力成本较低，使得其在劳动密集型产业和生产环节中能够凭借国别价值低于国际价值的价格获得超额利润。当中国的出口产品对他国的本国产品产生一定冲击，中国与其贸易伙伴国的贸易出现明显顺差时，便会招致贸易伙伴国的反倾销调查。

2. 发展中国家在产业结构和产品价值链生产环节上的同质性

发展中国家由于经济发展水平较低、劳动力成本低，在产业结构和价值链生产环节上往往以劳动密集型产品和劳动密集型生产环节为主。由于这些产业和生产环节技术含量低，因此进入壁垒较低，众多发展中国家面临着激烈的市场竞争。因此，在供过于求的市场供给形势下，中国与其他发展中国家为争夺有限的市场有时会陷入低价竞争，引发贸易摩擦。

3. 外部资源的争夺

在国际产业结构转移的背景下，发达国家将本国的劳动密集型产业转移至发展中国家。中国作为世界上最大的发展中国家，承接了大量劳动密集型产业。在承接劳动密集型产业的过程中，除了需要大量廉价的劳动力以外，还需要各种丰富的自然资源，面对资源有限的约束条件，中国必须与其他资源国进行贸易往来。由于资源有限，为防止本国资源快速外流，一些资源国频繁设置贸易壁垒，造成了与中国的经贸往来障碍，从而引发贸易摩擦。例如，随着中国近年来对铁矿石、石油的需求日益高涨，导致中国与铁矿石、石油资源丰富的国家之间屡屡出现不和谐因素。

4. 法律不健全

由于历史原因，发展中国家的法律体系不够完善，存在立法不规范、内容不严谨、涵盖范围窄、反倾销裁决的行政因素过强以及与 WTO 规定不符甚至相冲突的现象，尤其在反倾销立法方面严重滞后于国际贸易发展的需要。中国和其他发展中国家贸易法制的不健全导致国际贸易过程中反倾销随意性空间增大，在处理反倾销问题上容易引发分歧，产生贸易摩擦。

5. 中国具有多方面的优势

首先，在市场规模方面，中国拥有较大的市场规模，更有利于培育出具有规模经济效应的企业，从而降低企业的生产成本，提高产品在国际市场上的竞争力。因此，在国际贸易中，中国相较于其他国家更容易获得由规模经济带来的利润。其次，在运输成本方面，中国具有较大的市场，而本地生产、本地销售可以减少运输成本，进而中国能够获得更多产业在其国内生产、投资的机会。最后，技术的正外部性更容易在经济规模较大的国家传递。因此，中国在市场规模、运输成本及技术创新等方面的优势，使得双方在贸易政策上存在分歧，引发贸易摩擦。

专栏三　中印贸易摩擦案例 ⋯⋯⋯⋯⋯⋯⋯⋯⋯⋯⋯⋯⋯⋯⋯⋯⋯

1995～2020 年，印度针对中国出口商品启动反倾销调查 257 起、反补贴 9 起，涉及中国的保障措施调查和特别保障措施调查分别为 40 起和 10 起。从调查的年份分布来看，2000 年以前，虽然印度每年对华发起的反倾销调查都在 7 起以内，但是占印度对外反倾销调查总数的比例却很高，特别是 1996 年，达到了 100%，这说明印度一开始就将中国视为主要的反倾销目标国之一。2001 年 12 月，中国加入 WTO 后，印度对华反倾销调查数量激增，每年高达 10 起以上，2008 年金融危机期间更是达到 15 起。在很多年份中，印度已经超过了美国和欧盟，成为对中国出口产品发起反倾销调查最多的国家。虽然印度相对于美国、欧盟等发达国家和地区而言，对中国发起反倾销调查的起步较晚，但是印度对中国出口商品发起反倾销调查的增长速度已经毫不逊色于美国和欧盟。

印度对华反倾销所涉及的行业也十分广泛，包括化工、医药、非金属制品工业、钢铁和纺织等行业。其中，化工行业遭到的反倾销调查最多（见表 3-8），1995～2020 年，我国化工行业共遭到印度的反倾销调查案件 108 起，占案件总数的 42%。其次是医药行业，占案件总数的 9%。近年来，随着中印两国在高科技和新能源领域的竞争日趋激烈，印度对华的反倾销调查也开始涉足这两个行业。

表 3 – 8　　　　1995 ~ 2020 年印度对华反倾销产品的行业分布情况

行业分类	化学原料和制品工业	医药工业	非金属制品工业	纺织工业	钢铁工业	其他	合计
案件数量（起）	108	23	19	19	16	72	257
占比（%）	42	9	7	7	6	29	100

资料来源：中国贸易信息救济网。

中印两国都属于新兴的发展中大国，之间的贸易摩擦除了具备一般发展中国家间贸易摩擦的生成因素之外还存在一定的特殊性，主要包括以下几个方面。

一是印度政府奉行贸易保护主义政策。尽管近年来印度经济一直保持增长，但增速并不稳定且制造业水平相比中国依然十分落后。主要表现在制造业占国民经济的比重偏低，不足 30%；工业制成品中高科技含量低且品质差，难以应对国外尤其是中国物美价廉商品的冲击。因此，为了保护本国产业免受外部竞争、实现经济稳定增长，印度政府采取的是相对保守的贸易政策，即对进口产品实行严格监管，只要不明显违背 WTO 规则，就会频繁地使用反倾销措施限制进口，以防止国外产品大量涌入本国市场。因此，作为"世界工厂"的中国，必然会成为印度采取反倾销调查的首要目标。

二是中印之间不断扩大的贸易逆差。在中印贸易中，印度一直是贸易逆差国。表 3 – 9 显示了 2011 ~ 2020 年中印两国的货物贸易情况。可以看到，十年间，印度对中国的贸易一直处于逆差状态，且逆差呈逐年扩大的趋势。尤其是 2014 年和 2015 年，印度对中国的贸易逆差同比增长都将近 20%，中印两国持续扩大的贸易失衡现象加剧了印度对中国反倾销调查。

表 3 – 9　　　　2011 ~ 2020 年中印两国的货物贸易情况　　　　单位：亿美元

年份	贸易总额	印度进口额	印度出口额	贸易逆差
2011	738.84	505.13	233.71	271.42
2012	664.74	476.78	187.96	288.82
2013	654.029	484.32	169.709	314.611

续表

年份	贸易总额	印度进口额	印度出口额	贸易逆差
2014	705.76	542.17	163.59	378.58
2015	715.87	582.18	133.69	448.49
2016	701.79	584.15	117.64	466.51
2017	843.87	680.42	163.45	516.97
2018	955.09	766.76	188.33	578.43
2019	964.11	784.25	179.86	604.39
2020	876.97	667.20	209.77	457.43

资料来源：历年《中国贸易外经统计年鉴》。

三是中印两国贸易结构雷同且中国更具竞争优势。中印两国进出口产品主要集中在机电产品、化工产品、贱金属及其制品等，其在进出口产品的贸易构成上具有很强的重叠性，存在较大的竞争关系，而中国与印度相比劳动生产率水平较高，在出口相同的产品上更具竞争力，能够获得更多的国际超额利润，这也是印度频繁对中国发起反倾销调查的重要原因。

四是中印两国在崛起次序上的竞争。从崛起次序上来看，先崛起的国家在承接发达国家产业转移、吸引跨国公司的直接投资、实现技术的正外部性、推动技术在国内的传播与扩散、争取在国际规则制定中的话语权等方面，都比后崛起的国家具有优势。因此，新兴发展中大国在崛起位次上存在着激烈的竞争。为了实现率先崛起，一方面，新兴大国会致力于推动本国的经济发展。另一方面，也会运用各种手段给竞争对手制造障碍，延缓其崛起步伐，而贸易摩擦就是其中的一种形式。中印两国虽然都是亚洲的发展中大国，人口规模庞大，经济增速较快，但无论是从 GDP 总量还是人均 GDP 来看，中国都明显优于印度。2019 年，中国名义 GDP 为 14.22 万亿美元，人均 GDP 为 10150 美元，同年，印度的名义 GDP 仅为 2.97 万亿美元，人均 GDP 为 2200 美元，不到中国的 1/4。同时，印度的制造业发展水平落后，与中国相比存在较大差距。

五是中国企业缺乏应诉反倾销调查的能力。一方面，与印度相比，中国企业对反倾销法律的熟知度不够，缺乏反倾销方面的相关专业人员；另一方面，中国企业反倾销的应诉成本较高，大多数中小出口企业难以承受。收益和成本的不对称，使得我国企业缺乏应诉反倾销调查的积极性，导致印度对中国出口产品的反倾销诉讼更加肆意。

四、中国遭遇贸易摩擦的必然性分析

（一）中国遭遇国际贸易摩擦必然性的理论依据

1. 比较优势理论

比较优势理论的主要观点是一国应集中生产并出口其具有比较优势的产品，进口其具有比较劣势的产品。根据该理论，中国参与国际贸易将以劳动密集型产业为重点，以出口导向型战略为指导，进行充分的自由贸易，贸易双方都可以从中获益。但是，当中国大量的劳动密集型产品涌入他国，使他国相关产业受到一定程度的冲击时，引发了其他国家的国内失业、产业结构不平衡等社会经济问题，为转嫁社会矛盾，他国必然会针对中国劳动密集型产品和其他产业的贸易层面制造争端。总之，以比较优势理论为指导的自由贸易的发展必然会伴随着贸易摩擦的产生。

2. 国家发展生命周期理论

国家发展生命周期理论是由胡鞍钢教授提出来的，他认为国家如同产品一样也有生命周期，即一个国家发展的历史轨迹可以用一个生命周期来描述、认识和理解。如图 3-6 所示，国家发展生命周期理论认为，如果世界不是由一个国家主导或统治，而是由多个国家主导，特别是在多个大国组成的竞争格局条件下，可能会像 A 产品和 B 产品的市场竞争一样，形成 A 国和 B 国的国家竞争，即两个国家的发展与竞争的"四阶段说"。根据此理论，中国借助各类资源（知识、技术、资本和人才）已经进入迅速成长期，不仅获得了新的创新力，而且对他国会形成竞争甚

至挑战。因此，各国必然会产生各种各样的冲突，其中贸易摩擦的发生
不可避免。

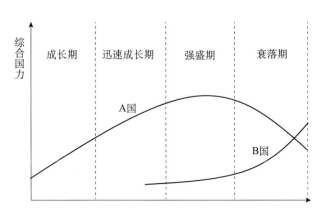

图 3 - 6　A 国和 B 国竞争条件下的国家生命周期（四阶段说）

3. 国际贸易摩擦倒 "U" 形曲线

周立教授认为，从世界历史来看，任何一个大国的崛起必然对现存的
国际关系产生巨大的冲击，即国际贸易摩擦呈现出一条倒 "U" 形曲线。
崛起之前，国际交往较少，利益冲突不多；崛起时期，由于要打破以往的
国家政治经济格局，国际摩擦大幅度上升；待崛起成为既成事实，被世界
广泛认可后，摩擦就会减少。因此，贸易摩擦并不是中国发展过程中独有
的现象，而是每个国家由落后到先进、由发展向发达国家实现进程中都会
经历的困难阶段。

（二）中国遭受国际贸易摩擦必然性的现实依据

1. 国家间经济发展的不平衡性、国家利益的冲突必然导致中国遭遇贸
易摩擦

在经济全球化的今天，为了自身利益的最大化，各国之间必然进行分
工合作、开展国际贸易。在国际贸易中，各国实力不同，利润分配也会有
所不同。而交易实力是由贸易条件、交易能力、产品竞争力及谈判能力等
诸多要素构成的。贸易条件有力、产品结构优化、交易能力、产品竞争力
与谈判能力较强的国家会获得较多的贸易利益，反之，获益较少。伴随着

WTO 的出现和世界经济一体化进程的发展，国家间经济发展不平衡的状况并没有发生根本改变，相反还继续呈恶化迹象。中国作为一个崛起的发展中国家，随着中国贸易规模的日益扩大，必然会和发达国家由于国际利益失衡、发达国家试图压制中国和后者不甘受制于前者的利益压迫而产生贸易摩擦。同时，中国与发展中国家之间必然因为贸易结构、产业结构趋同而抢占世界市场，最终导致贸易摩擦。

2. 中国必然在贸易摩擦中从贸易大国走向贸易强国

中国在 20 世纪 90 年代对外开放初期，经济发展缓慢。以 1995 年为例，当年中国 GDP 仅为 0.69 亿美元，中国 GDP 总量排在世界第 7 位。随着中国经济的迅猛发展，2005 年中国 GDP 排在世界第 5 位，到 2010 年中国 GDP 达到 5.88 亿美元，占世界 GDP 总量的 9.5%，首次超越日本，成为世界第二大经济体。2020 年我国工业增加值达到 31.31 万亿元，连续 11 年位居世界第一，成为制造业大国。即使受新冠疫情影响，2020 年中国 GDP 仍达到 14.69 亿美元，中国是全球唯一实现经济增长的主要经济体。"十三五"期间，我国经济年均增长 6.7%，远高于同期 3.5% 的世界平均水平。中国也是世界上最有吸引力的庞大市场之一，外商直接投资多年来一直呈现不断递增的态势，FDI 存量已超过 2 万亿美元。从以上论述中可以看出中国强劲的发展势头、世界市场占有率的不断提升、制造业带来的贸易和经济的快速增长，中国的发展正改变着整个世界的政治、经济格局，中国已成为任何国家在对外经济关系中都无法忽视的存在。中国作为贸易伙伴的崛起正改变着其他经济体的结构，影响着其他经济体的利益，这不可避免地引发了发达国家和发展中国家对本国经济和就业的担忧。从历史上看，一个新经济大国的崛起必然挑战现存大国，从而引发新旧大国之间经济的争霸战。因此，在中国贸易发展进程中所面临的频繁贸易摩擦，是中国竞争力和国际地位提升的必然现象。在我国从贸易大国迈向贸易强国的征途中，我国贸易必然要继续和其他经济体产生利益冲突。只有积极融入世界经济体，积极开展国际贸易，积极应对摩擦，我国才能不断强大。

第二节 中国 IFDI 的发展历程与现状分析

　　中国引进外资 70 年的演进历程，嵌入于国际政治态势演变的大背景中，受到大国关系演化的制约和影响。1978 年改革开放成为外资政策调整的里程碑，此后，外资政策主要受中国自主制度选择和经济发展现实需要的牵引。70 年引进外资的过程反映了中国从相对封闭的计划经济体系走向全方位对外开放的社会主义市场经济体系的探索过程。自 1978 年改革开放至今，我国利用外商直接投资的历史有了 40 多年，在此期间，外商直接投资经历了从无到有、从有到多、重"多"转"质"的过程，外商直接投资规模不断扩大。从东部到西部，分布区位广泛；从第一产业到第三产业，覆盖行业全面，为我国经济的发展、社会的进步作出了重要贡献。改革开放之前，IFDI 受外部环境制约与外部经济体的联系非常微弱，IFDI 发展空间十分有限。改革开放之后，IFDI 的发展历程可以分为三个阶段，分别是初步探索阶段、跨越式发展阶段以及创新发展阶段。在这三个阶段中，IFDI 的发展背景、投资方式、投资对象及领域都发生了明显变化，其现状分析主要从行业分布、地区分布以及来源地三个方面进行探讨。

一、IFDI 发展历程

　　第一阶段为 1979 ~ 1991 年，这一阶段是初步探索阶段。此期间处于中国改革开放初期，各行各业处于产品稀缺状态，是典型的"卖方市场"，外资企业凭借优秀的产品和管理水平迅速占领国内市场，几乎成为各行各业的市场领导者。但由于我国在吸引 IFDI 方面缺乏足够的经验和认识，IFDI 只是在中国经济不确定的情况下进行了一些探索性投资，因此，在此阶段初期 IFDI 的流入数量较低且稳定。初期关于引进外资的政策是不可缺少的，我国在 1979 ~ 1988 年相继出台三部关于利用外商投资的法律，简称为"外资三法"，为中国引入 IFDI 的初期开展保驾护航。自 1986 年以来，中国进一步开放外商直接投资，给予外商直接投资优惠税收待遇，简化企业许可手续。此时 IFDI 开始打破僵局，稳步增长。

第二阶段为 1992～2001 年，这一阶段是跨越式发展阶段。这一时期，邓小平的南方谈话，掀起了新一轮的外商投资热潮，中国快速建立了沿海开放城市和内陆开发区，各级政府给予外商投资企业各种税收和非税优惠，中国享受着 IFDI 的繁荣。跨越式发展体现在 1992 年 IFDI 突破 110 亿美元，与上一年相比增加了 2.5 倍，1992 年之后一年，IFDI 猛增到 275 亿美元。如图 3 - 7 所示，在 1992～2001 年，IFDI 累计 3702 亿美元，年均增长 33%。1997 年开始出现增速缓慢的情况，其根本原因在于我国在该时期受到东南亚金融危机冲击，这种冲击一直持续到 1999 年，IFDI 出现负增长。

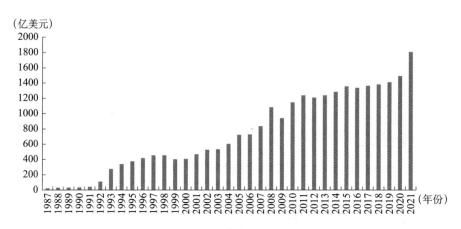

图 3 - 7　1987～2021 年中国实际利用外商直接投资金额

资料来源：中华人民共和国国家统计局。

第三阶段为 2002 年至今，这一阶段是创新发展阶段。2001 年中国加入 WTO，全面对外开放，即使在全球金融危机和欧债危机的背景下，IFDI 仍然保持稳定增长。创新发展表现为适应世界贸易组织规则，进一步吸引外资，中国政府调整了现有的外商投资法律和政策，扩大服务业对外开放，鼓励外国投资者到中西部地区投资，为我国 IFDI 区域转变提供了政策基础。从图 3 - 7 可以看出，我国 2002 年 IFDI 达到 527.4 亿美元，这是我国 IFDI 首次超过 500 亿美元，并在 2008 年又突破了千亿美元大关。到

2021 年，中国全年实际使用外资达到 1809.6 亿美元，增速达 21.2%，新设外资企业 4.8 万家，同比增长 23.5%，实现引资规模和企业数量"双增长"，并且我国高质量发展取得新成效，进一步对外商投资形成了强大吸引力，在利用外资结构方面持续优化，高技术产业引资增长 22.1%，占比提升至 28.8%，成为引资新增长点。

二、IFDI 现状分析

（一）IFDI 行业分布：第二产业赶超居首位，投向行业呈多元化

如表 3 - 10 所示，随着我国经济体系不断发生改变，IFDI 的行业结构也随之发生显著变化：一是第三产业吸收 IFDI 逐渐超越第二产业并呈现增长趋势；二是第三产业，特别是高新技术服务业 IFDI 比重逐步上升；三是 IFDI 在各行业的分布比较均衡。

表 3 - 10　　　　2005 ~ 2021 年外商直接投资分产业情况

年份	第一产业		第二产业		第三产业	
	新设企业数（家）	实际使用外资金额（亿美元）	新设企业数（家）	实际使用外资金额（亿美元）	新设企业数（家）	实际使用外资金额（亿美元）
2005	851	5.7	30027	446.9	13139	271.4
2006	742	4.4	25725	452.7	15029	270.0
2007	887	7.1	20087	428.6	16918	399.5
2008	803	10.6	12299	532.6	14435	539.7
2009	749	12.7	10324	500.8	12369	427.2
2010	796	16.3	11625	538.6	14999	592.5
2011	761	16.7	11630	557.5	15323	665.7
2012	763	18.1	9419	524.6	14752	668.0
2013	629	15.8	7039	495.7	15253	727.7
2014	589	13	5649	439.2	17495	832.6
2015	471	11.1	4981	435.9	20888	908.7

续表

年份	第一产业		第二产业		第三产业	
	新设企业数（家）	实际使用外资金额（亿美元）	新设企业数（家）	实际使用外资金额（亿美元）	新设企业数（家）	实际使用外资金额（亿美元）
2016	449	16.5	4618	402.1	22741	917.8
2017	579	7.9	6017	409.5	29047	945.6
2018	639	7.1	7935	482.7	51986	893.3
2019	424	4.4	6262	422.3	34224	985.5
2020	405	4.2	4607	365.5	33566	1123.7
2021	430	5.4	5613	423.4	41604	1380.8

资料来源：联合国贸发数据库（UNCTAD）。

从图 3-8 中可以看出，第一产业 IFDI 占比保持在一个较低的水平，总体趋势较为平稳，由 2005 年占比 0.79% 降低到 2021 年的 0.3%；第二产业 IFDI 占比总体呈现下降趋势，由 2005 年占比 61.72% 降低到 2021 年的 23.4%，另外 2005～2009 年第二产业 IFDI 占比高于第三产业；第三产业实际使用外资金额由 2005 年占比 37.48% 增长到 2021 年的 76.3%，占比总体呈现上升趋势，并且从 2010 年开始第三产业 IFDI 占比一直高于第二产业。

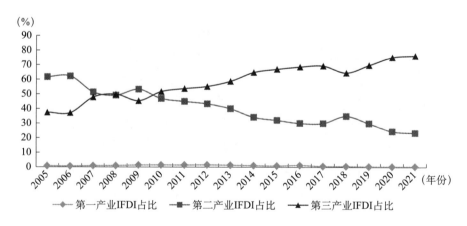

图 3-8　2005～2021 年三次产业 IFDI 占比

注：三次产业所属行业以 2011 年《国民经济行业分类》（GB/T 5754—2011）标准为依据。

资料来源：作者依据中华人民共和国国家统计局《按行业分外商直接投资额》数据核算。

从表 3 - 11 可以看出，截至 2021 年，IFDI 制造业流入的外商投资最多，占比18.6%，并且可以看出租赁和商务服务业以占比 18.3% 位居第二，可见服务业在吸引外资方面开始崭露头角。另外，由表 3 - 11 还可以看出，各个行业在 IFDI 流向占比较为均匀，没有出现一个行业一枝独秀的场景。

表 3 - 11　　　　　　　　2021 年外商直接投资分行业情况

行业门类	新设企业数（家）	比重（%）	实际使用外资金额（亿美元）	比重（%）
总计	47647	100	1809.6	100
农、林、牧、渔业	491	1	8.3	0.5
采矿业	25	0.1	25.8	1.4
制造业	4455	9.4	337.3	18.6
电力、热力、燃气及水生产和供应业	465	1	38	2.1
建筑业	701		22.7	1.3
批发和零售业	13379	1.5	167.2	9.2
交通运输、仓储和邮政业	693	28.1	53.3	2.9
住宿和餐饮业	1139	1.5	12.6	0.7
信息传输、软件和信息技术服务业	4053	2.4	201	11.1
金融业	448	8.5	120.2	6.6
房地产业	1125	0.9	236.1	13
租赁和商务服务业	9290	2.4	330.9	18.3
科学研究和技术服务业	8245	19.5	227.5	12.6
水利、环境和公共设施管理业	131	17.3	13.2	0.1
居民服务、修理和其他服务业	522	0.3	4.7	0.3
教育	216	1.1	0.1	0.01
卫生和社会工作	150	0.5	3.7	0.2
文化、体育和娱乐业	2107	4.4	4	0.2

资料来源：中华人民共和国国家统计局《按行业分外商直接投资额》。

表 3 - 12 说明了制造业中的高技术产业发展较为快速，除了高技术制

造业实际使用外资金额比重稍微有所下降，高技术产业和高技术服务业的比重都出现了上升趋势，可见 IFDI 正在"转质"。

表 3 - 12　　　2020 年与 2021 年高技术产业、高技术制造业、高技术服务业
实际使用外资金额及比重

行业名称	2020 年		2021 年	
	实际使用外资金额（亿美元）	比重（%）	实际使用外资金额（亿美元）	比重（%）
高技术产业	427.6	28.6	522	28.8
高技术制造业	103	6.9	120.6	6.7
高技术服务业	324.6	21.7	401.4	22.2

资料来源：中华人民共和国国家统计局《按行业分外商直接投资额》。

（二）IFDI 地区分布：东部地区占大多数，需挖掘中西部地区发展潜力

2021 年，东部地区实际使用外资占全国使用外资的比重为 84.4%，比 2020 年下降一个百分点，同期中西部地区实际使用外资占比提升 0.2 个百分点。从表 3 - 13 可以看出，外商投资实现各区域全面增长，东、中、西部地区实际使用外资分别为 1526.8 亿美元、111.6 亿美元和 96.4 亿美元，虽然东部地区实际使用外资规模仍然远超中西部地区，但中部地区实际使用外资增速较快，达到 26.5%，比东部地区增速高出 6.8 个百分点，西部地区实际使用外资增速也与东部地区基本持平。这主要由于中西部地区资源丰富、劳动力充足，交通基础设施不断改善，产业配套能力不断增强，增强了对外资企业的吸引力。

表 3 - 13　　　　　2017 ~ 2021 年我国东中西部吸引外资情况

区域	2017 年		2018 年		2019 年		2020 年		2021 年	
	规模（亿美元）	占比（%）	规模（亿美元）	占比（%）	规模（亿美元）	占比（%）	规模（亿美元）	占比（%）	规模（亿美元）	占比（%）
东部地区	1145.9	84.1	1153.7	83.4	1191.1	84.3	1275.4	85.4	1526.8	84.4

区域	2017 年		2018 年		2019 年		2020 年		2021 年	
	规模（亿美元）	占比（%）	规模（亿美元）	占比（%）	规模（亿美元）	占比（%）	规模（亿美元）	占比（%）	规模（亿美元）	占比（%）
中部地区	83.1	6.0	98	7.1	97.3	6.9	88.2	5.9	111.6	6.2
西部地区	81.3	6.0	97.9	7.1	92.9	6.6	80.1	5.4	96.4	5.3
有关部门	52.8	3.9	33.4	2.4	30.9	2.2	49.7	3.3	74.7	4.1

注：东部地区包括北京、天津、河北、辽宁、吉林、黑龙江、上海、江苏、浙江、福建、山东、广东、海南，中部地区包括山西、安徽、江西、河南、湖北、湖南六省，西部地区包括内蒙古、广西、重庆、四川、贵州、云南、西藏、陕西、甘肃、青海、宁夏、新疆。

资料来源：2018～2022 年各省份统计年鉴。

2021 年，新设外商投资企业数前 10 的省份分别是广东、上海、江苏、浙江、山东、福建、海南、北京、四川、天津，数量占全国比重的 88%。如图 3-9 所示，实际使用外资金额排名前 10 的省份分别是江苏、广东、上海、山东、浙江、北京、天津、福建、海南、四川，规模占全国比重的 83.6%。

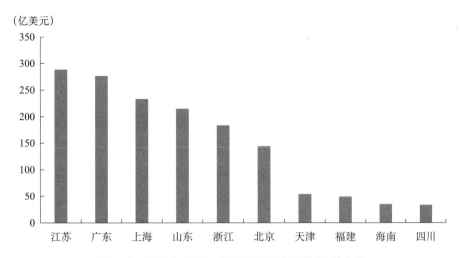

图 3-9　2021 年我国实际使用外资金额前 10 的省份

资料来源：2022 年各省份统计年鉴。

（三）IFDI 来源地：亚洲集聚性较为明显，其余国家分布不均

2021 年中国引入 IFDI 流量排名前 10 位的国家如图 3 - 10 所示，分别为新加坡、韩国、日本、美国、德国、英国、荷兰、毛里求斯、瑞士、法国。其中，新加坡以 IFDI 实际投资金额 103.3 亿美元居首位，占比为5.71%，其次为韩国，引入 IFDI 实际投资额为 40.4 亿美元，占比为2.23%，第三位是日本，IFDI 实际投资额为 39.1 亿美元，占比为 2.16%。在剔除避税港区后，中国引入 IFDI 排名前 10 位国家实际投资金额合计270.8 亿美元，占当年我国实际使用外资总额的 14.96%，可见 IFDI 的国家分布结构还未达到均衡发展模式。

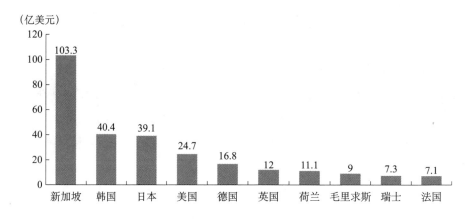

图 3 - 10　2021 年对华投资前 10 位国家

注：2021 年，中国在中国香港、中国台湾、中国澳门、开曼群岛、英属维尔京群岛的 IFDI 流量达 1426.3 亿美元，合计占总 IFDI 流量比为 78.82%，但上述地区多为资本境外集散地和避税港区，不能有效反映 IFDI 的真正规模，所以在剔除上述避税港地区后进行排序。

资料来源：《中国统计年鉴》（2022）。

首先，从全球洲际划分来看，我国引入 IFDI 的亚洲国家（地区）主要为中国香港、新加坡、韩国、日本等亚洲经济体。其中，中国香港一直都是中国内地最重要的外商投资来源地，2021 年中国香港 IFDI 达到1057.93 亿美元，约占全国外商实际投资总量的 73.28%。北美洲在华直接投资，主要涉及美国和加拿大。2021 年，美国在华投资 23.05 亿美元，对

比上一年下降了 14.18%。加拿大在华投资 2.17 亿美元，较 2020 年下降
6.47%。大洋洲地区对华直接投资较多的国家由原先的澳大利亚变为了萨
摩亚，2021 年澳大利亚在华实际投资 3.42 亿美元，萨摩亚在华实际投资
8.04 亿美元，占大洋洲在华总投资量的 64.37%。从图 3-11 与图 3-12
可以看出，亚洲在华投资上升最快，从 2004 年占比 63.05% 上升至 2021
年占比 88.56%，可见中国引入 IFDI 在亚洲所呈现的集聚特征较为明显，
这与我国积极推进"一带一路"等对外经济政策项目息息相关；其余洲
际在华投资额占比都出现了不同程度的下降，例如，拉丁美洲和北美洲
在华投资额占比下降较快，分别下降 10.4% 和 6.6%。其原因可能是，
中国自身发展速度较快，所以受到其余国家在经济方面的限制，对中国
经济发展设置了层层阻碍，贸易摩擦随即产生，进而各国对中国的投资
就会减少。

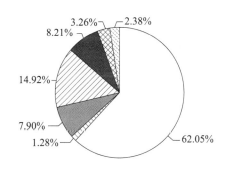
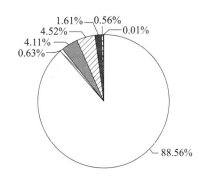

图 3-11　2004 年各大洲在华投资额比重　　**图 3-12　2021 年各大洲在华投资额比重**

资料来源：2005 年和 2022 年《中国统计年鉴》。

其次，从国际联盟来看，欧盟在华投资新设企业 2078 家，同比增长
22.6%，占我国新设外商投资企业数量的 4.4%；实际投资金额为 51 亿美
元，同比下降 10.4%，占我国实际使用外资金额的 2.8%。欧盟对华投资
金额前 5 位行业分别是制造业、租赁和商务服务业、科学研究和技术服务
业、批发和零售业、采矿业；5 个行业新设企业数占比 79.7%，实际投资
金额占比为 91.9%。2021 年东盟在华投资新设企业 2144 家，同比增长

14.5%，占我国新设外商投资企业数的 4.5%，实际投资金额为 105.8 亿美元，同比增长 33%，占我国实际使用外资金额的 5.8%。东盟对华投资金额前 5 位行业分别是批发和零售业，制造业，房地产业，租赁和商务服务业，信息传输、软件和信息技术服务业；5 个行业新设企业数占比为 68.1%，实际投金额占比为 79.7%。

最后，从国家对外合作政策项目来看，2021 年"金砖国家"在华投资新设企业 991 家，同比增长 10.7%，占我国新设外商投资企业数的 2.1%；实际投资金额为 0.3 亿美元，同比下降 43.6%，占我国实际使用外资金额的 0.02%。"金砖国家"对华投资金额前 5 位行业分别是批发和零售业，制造业，科学研究和技术服务业，租赁和商务服务业，房地产业；5 个行业新设企业数占比 79.7%，实际投资金额占比 96.1%。"一带一路"沿线国家在华投资新设企业 5312 家，同比增长 24.9%，占我国新设外商投资企业数的 11.1%；实际投资金额为 108.3 亿美元，同比增长 33.5%，占我国实际使用外资金额的 6%。"一带一路"沿线国家对华投资金额前 5 位行业分别是批发和零售业，制造业，房地产业，租赁和商务服务业，信息传输、软件和信息技术服务业；5 个行业新设企业数占比为 76.9%，实际投资金额占比 79.8%。

第三节　中国 OFDI 的发展历程与现状分析

随着世界化进程的加深，对外直接投资已然成为世界经济发展的重要组成部分。我国对外直接投资开始于 20 世纪 70 年代，与 IFDI 相比，我国 OFDI 起步较晚。但与 IFDI 相似，改革开放前我国政治环境较为复杂，使得 OFDI 发展过程中的束缚较多，所以 OFDI 在改革开放之前发展较慢。所以我国 IFDI 发展历程仍以改革开放后为起点，可分为三个阶段，分别是萌芽探索阶段、波动发展阶段以及快速发展阶段。OFDI 虽起步较晚，但发展异常迅速，其现状分析主要从行业分布、地区分布、流向地三方面进行探讨。

一、发展历程

第一阶段是 1979～1991 年，这一阶段是萌芽探索阶段。此时期我国处于改革开放初期，政府对我国企业海外投资限制较多，监管力度较大，因此对外直接投资的企业数量有限，大多是国有大型企业并且投资规模较小，所以在这期间我国还是以引进外资为主。

第二阶段是 1992～2001 年，这一阶段是波动发展阶段。此时期经历了邓小平的南方谈话，并且确立建设社会主义市场经济，提出了对外投资的指导思想，进而对外直接投资也得到了放松和鼓励，但是为了树立良好的中国企业品牌形象，在监管和管理方面进行不断调试，所以对 OFDI 发展影响较大，上下波动幅度也相对较大。

第三阶段是 2002 年至今，这一阶段是快速发展阶段。随着中国加入WTO，中国对外贸易发展得如火如荼，对于 OFDI 发展提供了良好的市场条件，使得 OFDI 得以快速发展。此期间，OFDI 在 2005 年首次突破 100 亿美元，2013 年突破千亿美元大关。到 2021 年，中国对外直接投资流量达到 1788.2 亿美元（如图 3－13 所示），比上年增长 16.3%，连续十年位列全球前三；2021 年末，中国对外直接投资存量 2.79 万亿美元，连续五年排名全球前三。

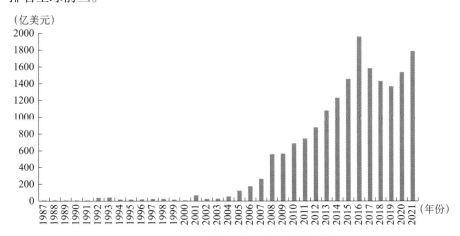

图 3－13　1987～2021 年我国对外直接投资流量

资料来源：历年《中国对外直接投资统计公报》。

二、现状分析

(一) OFDI 行业分布：集中度较高，新兴服务业增速快

2021 年，中国 OFDI 涵盖了国民经济的 18 个行业大类，其中流向租赁和商务服务业，批发和零售业，制造业，金融业，交通运输、仓储和邮政业的投资均超过百亿美元，这五个行业 OFDI 占总体的 80.19%。从表 3 - 14 可以看出我国 OFDI 在行业分布中的变化：一是流向制造业的 OFDI 增长速度变缓；二是流向租赁和商务服务业等新兴服务业的 OFDI 增速较快。从这两点变化可以看出，我国 OFDI 正在实现结构转型，更加注重投资质量。

OFDI 流向制造业的行业主要有汽车制造业、计算机/通信和其他电子设备制造业、金属制品业等，2021 年装备制造业的投资为 141.2 亿美元，增长 18.7%，占制造业投资的 52.5%。中国 OFDI 行业分布集中度很高，第二产业在积极向第三产业转型发展，但低附加值以及低技术水平的行业占比仍然偏高。

表 3 - 14　　　　2020 年与 2021 年对外直接投资分行业情况

行业	对外直接投资流量（亿美元）		截至 2021 年对外直接投资存量（万美元）
	2020 年	2021 年	
总计	1537.11	1788.19	27851.5
农、林、牧、渔业	10.79	9.31	188.16
采矿业	61.31	84.15	1815.08
制造业	258.38	268.67	2632.63
电力、热力、燃气及水生产和供应业	57.7	43.89	504.92
建筑业	80.95	46.19	550.73
批发和零售业	229.98	281.52	3695.82
交通运输、仓储和邮政业	62.33	122.26	917.23
住宿和餐饮业	1.18	2.69	49.1

行业	对外直接投资流量（亿美元）		截至 2021 年对外直接投资存量（万美元）
	2020 年	2021 年	
信息传输、软件和信息技术服务业	91.87	51.36	1602.27
金融业	196.63	267.99	3003.5
房地产业	51.86	40.98	929.16
租赁和商务服务业	387.26	493.57	11152.38
科学研究和技术服务业	37.35	50.72	450.75
水利、环境和公共设施管理业	1.57	2.25	28.54
居民服务、修理和其他服务业	21.61	18.09	146.08
教育	1.3	0.28	27.31
卫生和社会工作	6.38	3.39	37.67
文化、体育和娱乐业	-21.34	0.88	120.16

资料来源：2020 年和 2021 年《中国对外直接投资统计公报》。

（二）OFDI 地区分布：西部地区仍需建立优势，东北三省发展迅猛

2021 年，中央企业和单位对外非金融类直接投资流量 642.9 亿美元，占非金融类流量的 42.3%，比上年增长 30.7%，超六成来自收益再投资。地方企业 OFDI 达到 877.3 亿美元，比上年增长 3.4%，占总量的 57.7%。其中，东部地区 OFDI 达到 718.1 亿美元，占地方投资流量的 81.9%，比上年增长 0.6%；中部地区 OFDI 达到 100.3 亿美元，占 11.4%，比上年增长 44.6%；西部地区 OFDI 达到 45.1 亿美元，占 5.1%，比上年下降 23.8%（见表 3-15）。

表 3-15　　　2021 年我国东、中、西部对外直接投资情况

地区	流量金额（亿美元）	比重（%）	比上年增长（%）
东部地区	718.1	81.9	0.6
中部地区	100.3	11.4	44.6

地区	流量金额（亿美元）	比重（%）	比上年增长（%）
西部地区	45.1	5.1	−23.8
东北三省	13.8	1.6	126.2

资料来源：2021 年《中国对外直接投资统计公报》。

东北三省 OFDI 达到 13.8 亿美元，占 1.6%，比上年增长 126.2%。如图 3 - 14 所示，广东、浙江、上海、江苏、北京、山东、福建、安徽、河北、天津等地方 OFDI 流量排在前 10 名，合计 738.4 亿美元，占地方 OFDI 流量的 84.2%。

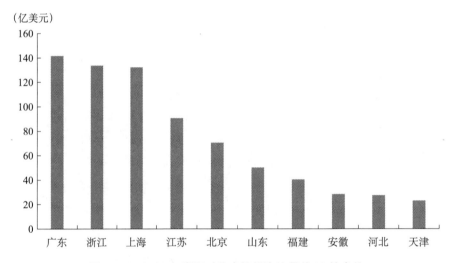

（亿美元）

图 3 - 14 2021 年我国对外直接投资流量前 10 的省份

资料来源：2021 年《中国对外直接投资统计公报》。

（三）OFDI 流向地：亚洲首位地位不变，投资偏向于掌握先进技术的国家

中国 OFDI 企业在全球的覆盖率很高，但是投资过于集中的问题仍然存在。2021 年中国 OFDI 流量排名前 10 位的国家如图 3 - 15 所示，分别为新加坡、美国、印度尼西亚、德国、越南、澳大利亚、英国、瑞士、荷兰、卢森堡。其中，新加坡以 OFDI 流量金额 84.1 亿美元居首位，占比为 4.7%，其次为美国，OFDI 流量金额为 55.8 亿美元，占比为 3.1%，第三位是印度尼西亚，流量金额为 43.7 亿美元，占比为 2.5%。在剔除避税港

区后，中国 OFDI 排名前 10 位的国家实际投资金额合计 321.2 亿美元，占当年我国实际使用外资总额的 17.96%，与我国 IFDI 一样，OFDI 在国家分布结构上也存在不均衡问题。

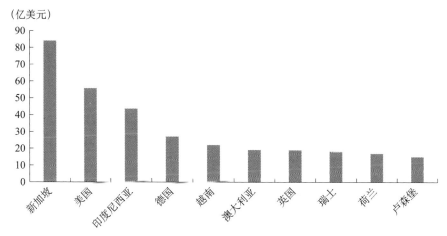

图 3-15 2021 年我国对外直接投资前 10 位国家

注：2021 年，中国在中国香港、开曼群岛、英属维尔京群岛的 OFDI 流量达 1259.1 亿美元，合计占 OFDI 流量总额的比重为 70.42%，但上述地区多为资本境外集散地和避税港区，不能有效反映 OFDI 的真正规模，所以在剔除上述避税港地区后进行排序。

资料来源：2021 年《中国对外直接投资统计公报》。

首先，从全球洲际划分来看，流向亚洲的投资 1281.02 亿美元，比上年增长 14%，占当年 OFDI 流量的 71.6%。其中，对中国香港的投资为 1011.9 亿美元，比上年增长 13.5%，占对亚洲投资的 79%；流向北美洲的投资 65.8 亿美元，比上年增长 3.8%，占当年 OFDI 流量的 3.7%。其中，对美国投资 55.8 亿美元，比上年下降 7.3%；加拿大 9.3 亿美元，比上年增长 342.9%。流向大洋洲的投资 21.2 亿美元，比上年增长 46.2%，占当年 OFDI 流量的 1.2%，投资主要流向澳大利亚、新西兰、斐济、萨摩亚等国家。从图 3-16 和图 3-17 的对比可以看出，我国 2004~2021 年还是以向亚洲投资为主，其余洲际主要提升了对欧洲与北美洲的投资，分别提升了 5.15% 和 1.84%，主要原因是这两个洲际高新技术工业发展较好，可以通过逆向技术溢出以达到我国制造业转型升级的目标。虽然对拉丁美洲投资占比下降较多，但拉丁美洲还是保持在我国对外直接投资第二位的位置。

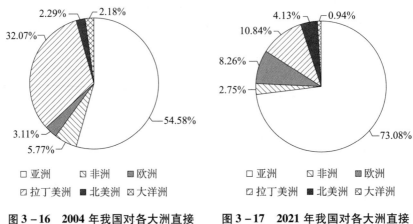

图 3 - 16 2004 年我国对各大洲直接
投资比重

图 3 - 17 2021 年我国对各大洲直接
投资比重

资料来源：2004 年和 2021 年《中国对外直接投资统计公报》。

其次，从国际联盟来看，2021 年对东盟 10 国的投资 197.3 亿美元，比上年增加 22.8%，占对亚洲投资的 15.4%，占当年流量总额的 11%，并且中国在东盟设立直接投资企业超过 6200 家；中国对欧盟的投资流量达 78.6 亿美元，比上年下降 22.2%，占流量总额的 4.4%，中国在欧盟设立直接投资企业超 2700 家，覆盖欧盟的全部 27 个成员国。

最后，从国家对外合作政策项目来看，2021 年末，中国境内投资者在"一带一路"沿线设立境外企业超过 1.1 万家，涉及国民经济 18 个行业大类，当年实现 OFDI 达到 241.5 亿美元，比上年增长 7.1%，较 2012 年翻一番，占同期中国 OFDI 流量的 13.5%。

第四节 中国双向 FDI 互动发展的历程和现状分析

中国坚持"引进来"和"走出去"并重这一政策在党的十九大报告再次强调，说明国家对于双向 FDI 的重视程度很高，两者稳定协调发展是其发展目标。我国双向 FDI 的发展历程可分为三个阶段，分别是初步探索阶段、稳定发展阶段以及协调发展阶段。其现状需与上文 IFDI 与 OFDI 现状分析结合来看。

一、发展历程

第一阶段为 1979～2001 年，是初步探索阶段。这一时期由于"外资三法"的陆续颁布，改善了外商在华投资的环境，使得我国的 IFDI 有了初步发展并能够稳定推进下去，但 OFDI 因为受到了限制，所以发展缓慢。因此，这一时期是以 IFDI 发展为主，以积累资本和技术，中国双向直接投资比率，即 OFDI 与 IFDI 流量之比在 0.02～0.32，表明我国 IFDI 与 OFDI 在总量规模上相差巨大。根据中国统计年鉴资料，1979～2000 年我国 OFDI 约为277.68 亿美元，而我国 IFDI 的总量为5204.5 亿美元，是 OFDI 的 20 倍左右。

第二阶段为 2002～2012 年，是稳定发展阶段。党的十六大明确提出要坚持"走出去"和"引进来"相结合的发展战略，因此，这一阶段我国在国际直接投资活动中呈现积极主动态度，我国 IFDI 与 OFDI 随着加入 WTO 而呈现出"你追我赶"的现象，两者差距逐渐缩小，OFDI 与 IFDI 的比值从 2002 年的 0.15 提升至 2012 年的 0.73。

第三阶段为 2013 年至今，是协调发展阶段。在经历了金融危机以后，世界投资流动呈现出周期性波动，并且"一带一路"项目开始实施。这时我国开始注重两者协调发展所能带来的效益，利用前期 IFDI 积累的资本来推动本国产业转型升级，同时加快 OFDI 发展，加速我国资本向外流动。2015 年，我国 IFDI 首次出现 OFDI 超过 IFDI 投资额，双向直接投资比率为1.07，中国成为资本净输出国。

二、现状分析

2021 年，中国对外直接投资流量 1788.2 亿美元，比上年增长 16.3%，连续十年位列全球前三。2021 年末，中国对外直接投资存量 2.79 万亿美元，连续五年排名全球前三，2021 年中国双向投资规模基本相当。

从图 3-18 可以看出，我国 IFDI 的同比增长率相较 OFDI 来说是比较平稳的，波动幅度在发展前期较大；OFDI 增长率变化幅度较大，但在发展后期与 IFDI 同步趋于平稳，可见双向 FDI 开始协调发展。值得注意的是，

OFDI 最近一次出现负增长是在 2017 年，当年 OFDI 流量为 1582.9 亿美元，同比下降 19.3%，这次下降的原因可能是美国对中国进行经济干预，阻挠中国收购美国企业，导致我国 OFDI 连续三年出现负增长率。

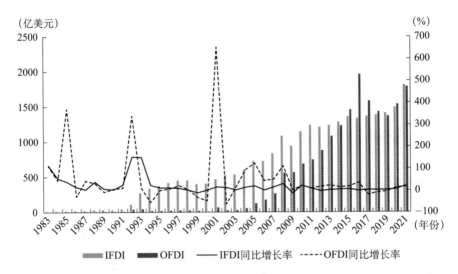

图 3 - 18   1983 ~ 2021 年中国双向直接投资的发展趋势

资料来源：联合国贸发数据库（UNCTAD）。

从图 3 - 19 可以看出，双向 FDI 从刚开始"坎坷"的状态正在慢慢转向协调的状态，到 2018 年两者比率开始接近于 1，说明 IFDI 与 OFDI 步入平衡发展时期。

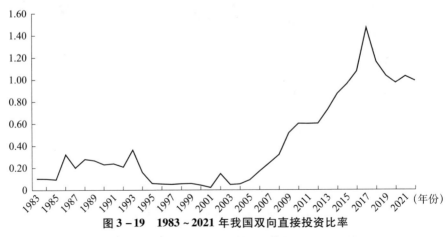

图 3 - 19   1983 ~ 2021 年我国双向直接投资比率

资料来源：作者根据联合国贸发数据库（UNCTAD）核算所得。

第五节　贸易摩擦与中国双向 FDI 互动
发展经验关系分析

一、变化趋势分析

图 3-20 描述了 1995~2021 年中国双向 FDI 与全球对我国发起贸易救济原审立案数量变化趋势图，其中，全球对我国发起贸易救济原审立案数量用来代表贸易摩擦。由图 3-20 可以发现，中国 IFDI、OFDI 与全球对我国发起贸易救济原审立案数量都存在波动变化的现象，但是在这种"波动乱象"下还是有规律可循的。从整体趋势来看，全球对我国发起贸易救济原审立案数量呈现波动上升趋势，IFDI 与 OFDI 在这二十几年的波动发展中也均存在明显的上涨现象，需要注意的是，在这种波动下双向 FDI 渐渐趋于协调并且协调等级也逐步提高。这就说明贸易摩擦与中国双向 FDI 存在一定影响关系，这一影响关系也体现在对双向 FDI 的协调程度上。

二、特征性事实分析

为了更好地分析贸易摩擦和双向 FDI 互动发展之间存在的关系，本章采用 Matlab 软件分别绘制了贸易摩擦与双向 FDI 协调程度的三维核密度图，结果分别如图 3-21 和图 3-22 所示。

根据双向 FDI 协调程度的核密度估计分析：第一，从分布位置视角看，在样本期间内，密度函数的中心点随着时间推移逐渐向右移动，这表明我国双向 FDI 协调水平呈上升趋势，互动发展态势较好。第二，核密度函数的峰值呈现"上升—快速上升—下降—缓慢上升—快速上升"，且峰值时间点与金融危机、新冠疫情相吻合，说明政策和宏观经济环境会对双

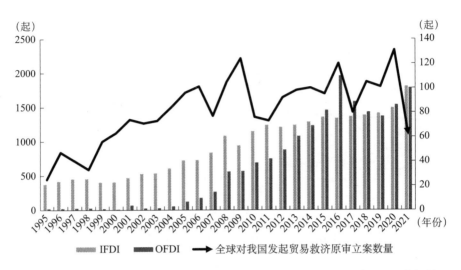

图 3 - 20　1995 ~ 2021 年中国双向 FDI 与全球对我国发起贸易救济原审立案数量
变化趋势

资料来源：联合国贸发数据库（UNCTAD）、中国贸易信息救济网。

向 FDI 互动发展的集聚情况产生重大的影响，且主峰峰值上升，宽度缩小，说明聚集水平提高，即双向 FDI 协调程度分布越来越集中。第三，核密度曲线呈现单峰分布形式，表明双向 FDI 互动发展存在趋于一致的情况，即正在趋向协调发展，不存在多极分化。

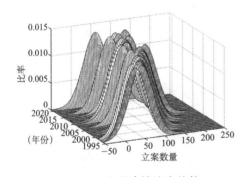

图 3 - 21　贸易摩擦演变趋势

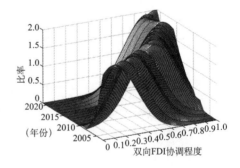

图 3 - 22　双向 FDI 协调程度演变趋势

根据贸易摩擦的核密度估计分析：第一，从分布位置视角看，在样本期间内，密度函数的中心点随着时间推移逐渐向右移动，这表明我国遭受的贸易摩擦程度在逐渐加深，并且可以清晰看出贸易摩擦程度波动较为频繁。第二，核密度函数的峰值呈现"上升—下降"的循环，但波动幅度较小且水平较为稳定，贸易摩擦具有持续时间长的特点。第三，核密度曲线呈现单峰分布形式，表明贸易摩擦程度逐渐趋于平稳，多极分化现象未出现。

第六节　本章小结

改革开放以来，中国走上了一条对外开放道路。中国对外贸易规模不断扩大，遭遇的贸易摩擦也日益增多。近年来，中国遭受的贸易摩擦案件数量遥遥领先于其他国家。从中国遭遇贸易摩擦的特征来看，贸易摩擦方式由传统的反倾销调查向技术性贸易壁垒和知识产权保护等新型贸易摩擦转变，贸易摩擦的发起国由发达国家和地区向发展中国家和地区转移，贸易摩擦的对象从轻纺、钢铁等传统劳动密集型产业，逐步扩展到机电、设备等资本技术密集型产品。从中国遭遇贸易摩擦的来源地看，不同类型的国家对中国发起贸易摩擦的原因、方式及领域呈现出不同的特点。欧盟等发达国家对中国发起贸易摩擦主要是为了缓解贸易逆差、维护本国经济发展模式、转移国内矛盾、遏制中国崛起。它们对中国的贸易摩擦已经由以反倾销为主向以隐蔽性更高、影响更大的技术性贸易壁垒、知识产权保护等方式转变，贸易摩擦的对象以技术密集型产品为主。而印度等发展中国家对中国发起贸易摩擦主要是为了缓解贸易逆差、进行产品与资源的竞争。它们对中国的贸易摩擦还以价格限制的反倾销为主，贸易摩擦的对象也以和中国竞争比较激烈的劳动密集型产品为主。但是，无论是从理论上还是从现实上来看，中国频繁遭遇贸易摩擦存在一定的必然性，是中国经济和外贸发展阶段的正常现象，是中国从贸易大国走向贸易强国必然经历的阶段。

本章主要侧重于将贸易摩擦与中国双向 FDI 互动发展之间建立关系。首先，本章介绍了中国遭遇贸易摩擦的发展与现状特点等，说明了贸易摩擦在潜移默化地影响我国发展进程，特别是对外贸发展的影响显著。其次，本章分别对 IFDI 与 OFDI 的发展历程与现状分析两个方面进行详尽的描述，并在较为详实的现实基础上对双向 FDI 协调程度进行大致了解。最后，本章将贸易摩擦与中国双向 FDI 数据相结合，得出随着贸易摩擦的加深，我国双向 FDI 呈现同步上升趋势的结论，这一结论为之后的实证部分打下了坚实的现实依据，也是后续工作开展的重要结论支撑。

第四章

贸易摩擦影响中国双向 FDI
互动发展的规模效应分析

第一节　问题提出

前文分析了贸易摩擦分效应对双向 FDI 互动发展的影响，本书将进一步从规模效应的角度考察贸易摩擦对中国双向 FDI 互动发展的影响，进而为中国从不同层面制定双边投资政策以应对贸易摩擦奠定基础。习近平总书记在党的二十大报告中强调："推进高水平对外开放。依托我国超大规模市场优势，以国内大循环吸引全球资源要素，增强国内国际两个市场两种资源联动效应，提升贸易投资合作质量和水平。"随着经济全球化和贸易自由化的迅速发展，国际贸易和直接投资的联系日益紧密，呈现出投资贸易一体化的趋势，与之有关的贸易摩擦也从贸易领域扩展到了双向投资领域。现阶段，贸易摩擦引发了外商投资企业对一国经济下滑和政策不确定性的担忧。而经济发展水平是影响双向 FDI 互动发展的重要因素。英国学者邓宁（Dunning）提出的投资发展路径理论认为，一国的经济发展过程与该国在国际资本流动中的地位具有系统的相关性。随着经济的发展和人均国民生产总值的提高，一国的净对外直接投资将经历五个发展阶段：第一阶段，在人均 GNP 低于 400 美元时，只有少量外国直接投资的流入，而缺少对外直接投资的流出，因而处于 FDI 净流入阶段；第二阶段，在人均 GNP 处于 400 ~ 2000 美元时，一国的资本流入加速、资本流出缓慢，净对外直接投资额为负数，仍处于 FDI 的净流入阶段；第三阶段，当人均 GNP 处于 2000~5000 美元时，OFDI 大幅度上升，其发展速度快于 IFDI 的流入，净对外直接投资额仍为负值，其绝对数呈不断减少的趋势；第四阶段，当人均 GNP 超过 5000 美元之后，OFDI 明显快于 IFDI 流入的增长，净对外直接投资额大于、等于零且不断增长；第五阶段，一国的净对外直接投资额仍然大于零，但是由于直接投资流出的增长速度低于直接投资流入的增长速度，净投资额已经开始下降，并且逐渐回归至零。可见，经济发展与 IFDI 和 OFDI 之间存在密切关系。已有研究表明，贸易摩擦会通过东道国经济发展水平（Dixon J，2017；Rosyadi and Widodo，2018；尹翔硕等，2007；王锦红，2009；冯晓玲和姜珊珊，2020）影响东道国 IFDI（沈国兵，2011）和 OFDI（Belderbos et al.，2004；Eicher and Kang，2005；Cole and Davies，2009；Fujiwara and Kenji，2017；Ding，2018）。现阶段，中国已经成为双向 FDI 的投资大国，如果单一地研究贸易摩擦通过规模效应路径对 IFDI 或 OFDI 的影响，或者忽略经济规模与双向 FDI 之间的互动关系，一方面容易造成估计结果的不可靠，另一方面也会忽视经济规模对 IFDI 和 OFDI 之间的互动关系造成的叠加或抵消的效应。且现阶段中国 IFDI 和 OFDI 之间存在明显的同步增长特征，二者之间的相关性也逐渐增强，那么贸易摩擦是否会通过规模效应影响双向 FDI 的互动发展水平，这种影响的作用方向如何？本书将从贸易摩擦的规模效应视角考察贸易摩擦对双向 FDI 互动发展水平的影响。

第二节　理论机制

贸易摩擦会对一国的宏观经济产生影响。以加征关税为例，第一，贸易摩擦会影响一国的 GDP 增长，甚至造成该国的经济衰退。第二，贸易摩擦会对一国的社会福利造成负面影响，一方面进口商会通过提高进口商品在本国的价格将其被加征的关税转嫁给消费者，造成消费者福利水平的下降；另一方面本国的相关出口商品受加征关税的影响导致出口规模下滑，损害了本国相关出口商的利润，为弥补损失，本国会降低生产规模，减少人力成本，最终导致失业率上升以及经济水平下降。综上所述，贸易摩擦会对经济发展造成影响，一国经济规模越高，其消费需求越大，居民的购买力越强、市场越活跃，越能吸引外商来投资（张真和黄宇雯，2022），IFDI 增长又会推动 OFDI 的增加（聂飞，2016）。因此，贸易摩擦可能会通过经济规模对双向 FDI 的互动发展水平产生影响。

首先，贸易摩擦会通过规模效应抑制双向 FDI 的互动发展水平。受贸易摩擦的影响，中国的经济规模下降。一方面，贸易摩擦会使国内营商环境恶化，造成外资出逃，而外资规模的减少使得企业利用 IFDI 的技术溢出效应大幅下降，削弱了中国企业"走出去"的能力，进而造成 OFDI 规模下降。另一方面，随着经济规模下降，企业融资成本上升，外资对本国企业的投资风险增加，同时，受融资约束的影响，企业无力进行对外直接投资，OFDI 规模下降，使得企业在对外投资过程中所获取的利润下降，进一步降低了本国经济发展水平，进而减少了 IFDI 对我国的投资。因此，贸易摩擦通过规模效应抑制中国双向 FDI 的互动发展水平。

其次，贸易摩擦会通过规模效应促进双向 FDI 的互动发展水平。一方面，受贸易摩擦影响，部分行业尤其是中高端制造业在进口方面受到限制，且国内经济发展水平下降，导致其在国内所占市场规模下降，生存能力不足。通过对外投资方式将产业转移到国外以此寻找发展机会和避免风险（李猛和王纪孔，2014；史本叶和李秭慧，2017；张相伟和龙小宁，2018），而 OFDI 不仅吸纳海外先进技术，提升母国企业的竞争力，还通过本土化生产销售，扩大海外市场规模，进而增加了母国企业的盈利水平，从而吸引 IFDI。另一方面，由于贸易摩擦导致国内经济水平下降，造成本土企业竞争力减弱，为吸引外资企业来华发展，外资流入"倒逼"国内企业改进生产技术、降低生产成本，从而在长期内能够提高国内企业的竞争力，进而促进企业"走出去"。因此，贸易摩擦通过规模效应路径能够促进中国双向 FDI 互动发展水平，如图 4 - 1 所示。

综上所述，根据中国现实情况来看，贸易摩擦通过抑制我国经济发展规模，倒逼我国制造业进行 OFDI，而 OFDI 的增加又有利于促进 IFDI 规模

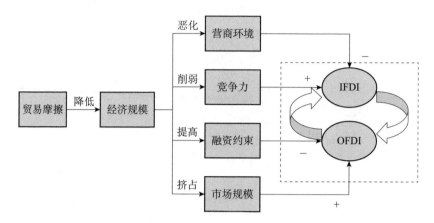

图 4-1　贸易摩擦通过规模效应对双向 FDI 的影响机制

的提升,因此本书提出假设 4.1:贸易摩擦的规模效应促进了我国双向 FDI 互动发展水平提升。

第三节　模型设定及数据说明

一、计量模型的选择与设定

由于贸易摩擦主要表现在行业层面,因此本书以制造业为分析对象,将制造业双向 FDI 互动发展水平作为被解释变量,制造业贸易摩擦、制造业贸易摩擦与经济发展水平的交互项作为核心解释变量,衡量贸易摩擦通过规模效应对中国双向 FDI 互动发展水平的影响。由于双向 FDI 互动发展水平有一定的延续性,因此本书将滞后一期的双向 FDI 互动发展水平加入模型中,以控制其自身的内在冲击。因而建立如下动态面板回归模型:

$$\ln IDFDI_{it} = \alpha_0 + \alpha_1 \ln IDFDI_{i,t-1} + \alpha_2 adc_{it} + \alpha_3 \left(adc_{it} \times \ln PGDP_{it} \right) +$$
$$\alpha_4 \ln PGDP_{it} + \alpha_5 CX_{it} + \varepsilon_{it} \qquad (4-1)$$

其中,i 表示行业,t 表示时间,$\ln IDFDI_{it}$ 表示中国双向 FDI 的互动发展水平,α_0 为截距项,adc_{it} 表示 t 年中国 i 行业遭受的反倾销壁垒存量,$adc_{it} \times$

lnPGDP$_{it}$表示贸易摩擦规模效应路径对双向 FDI 互动发展水平的影响，CX$_{it}$表示一系列的控制变量。本书借鉴张小鹿（2015）、史本叶和李秭慧（2017）、张相伟和龙小宁（2018）、龚梦琪和刘海云（2019）以及刘宇飞（2019）的研究，采用的主要控制变量有制造业行业的经济规模（PGDP）、制造业行业的人均资本存量（KL）、行业所有制结构（OS）、工资水平（W）、贸易开放程度（TR）、制度质量（I）等，ε_{it}为误差项。

二、行业选取及数据说明

（一）行业选取

本书主要是根据贸易摩擦的规模效应对中国双向 FDI 互动发展水平造成的影响进行实证分析。实证研究的样本选择了中国制造业 2003 ～ 2020 年的面板数据。为了保证原始数据统计口径的一致性，我们使用全部国有及规模以上非国有工业企业数据来得到行业统计数据，限于数据的可得性和完整性，本书剔除纺织服装、服饰业，印刷和记录媒介复制业，文教、工美、体育和娱乐用品制造业，化学纤维制造业和其他制造业，将行业数目调整为 22 个，具体结果见表 4 – 1。

表 4 – 1　　　　　　　　　　　行业分类

行业编号	行业名称	国民经济分类
1	农副食品加工业	C13 – C14
2	酒、饮料和精制茶制造业	C15
3	烟草制品业	C16
4	纺织业	C17
5	皮革、毛皮、羽毛及其制品和制鞋业	C19
6	木材加工和木、竹、藤、棕、草 制品业	C20
7	家具制造业	C21
8	造纸和纸制品业	C22
9	石油、煤炭及其他燃料加工业	C25
10	化学原料和化学制品制造业	C26

行业编号	行业名称	国民经济分类
11	医药制造业	C27
12	橡胶和塑料制品业	C29
13	非金属矿物制品业	C30
14	黑色金属冶炼和压延加工业	C31
15	有色金属冶炼和压延加工业	C32
16	金属制品业、通用设备制造业	C33
17	通用设备制造业	C34
18	专用设备制造业	C35
19	汽车制造业	C36 – C37
20	电气机械和器材制造业	C38
21	计算机、通信和其他电子设备制造业	C39
22	仪器仪表制造业	C40

（二）变量说明

1. 反倾销措施（adc_{it}）

本书采用 adc_{it} 指标来代替贸易摩擦，adc_{it} 为 t 年中国 i 行业遭受的反倾销壁垒的案件数量，数据来源于贸易救济信息网和世界银行数据库中"临时性贸易壁垒数据库"（TTBD），该数据库提供了 34 个国家（地区）对外发起的反倾销数据，而其中有 29 个国家（地区）对中国发起过反倾销调查，包括：美国、欧盟、俄罗斯、日本、澳大利亚、韩国、阿根廷、加拿大、印度、智利、印度尼西亚、以色列、牙买加、乌拉圭、墨西哥、巴西、马来西亚、新西兰、巴基斯坦、秘鲁、菲律宾、泰国、特立尼达和多巴哥、土耳其、乌克兰、中国台湾、委内瑞拉和南非。

本书的研究时间区间为 2003～2020 年，在主回归内，解释变量为东道国对中国某行业反倾销措施的案件数量，而稳健性检验则是将东道国对中国某行业反倾销措施的案件数量替换成东道国对中国某行业实施保障措施的案件数量。

2. IDFDI 的测度

首先通过耦合协调函数测算双向 FDI 的互动发展程度，具体测算公式如下：

$$C_t(IO) = IFDI_t \times OFDI_t / (\alpha IFDI_t + \beta OFDI_t)^\gamma \qquad (4-2)$$

其中，$IFDI_t$ 和 $OFDI_t$ 分别表示中国在 t 时期的 IFDI 和 OFDI 流量，α 和 β 分别表示 IFDI 和 OFDI 的权重。由于目前中国的 IFDI 和 OFDI 均呈快速发展趋势，且二者之间的协同性越来越明显，因此将 α 和 β 的值均设定为0.5。γ 作为调节系数，参照黄凌云、刘冬冬等（2018）的设定原则，将其设定为2。而由于公式（4-2）只能反映系统之间的相互作用程度，不能反映各系统的发展水平。因此，本书进一步引入耦合协调发展指标，双向 FDI 的互动发展水平就可以表示为：

$$IDFDI_t = D_t(IO) = \left[C_t(IO) \times \frac{IFDI_t + OFDI_t}{2} \right]^{\frac{1}{2}} = \left\{ \frac{IFDI_t \times OFDI_t}{\left[(IFDI_t + OFDI_t)/2 \right]} \right\}^{\frac{1}{2}}$$

$$(4-3)$$

其中，利用 IFDI 和 OFDI 流量衡量 IFDI、OFDI 变量，数据来源于《中国统计年鉴》和《中国对外直接投资统计公报》。

3. 控制变量

制造业行业的经济发展水平（PGDP），选取人均制造业销售收入来表示该变量。数据来源于《中国工业经济统计年鉴》；所有权结构（OS），使用 i 行业在 t 时期的国家资本与实收资本的比值衡量；工资水平（W），使用 i 行业在 t 时期的平均工资衡量；制造业行业的人均资本存量（KL），采用 i 行业固定资产净值年平均余额来表示资本存量；制度质量（I），使用 i 行业在 t 时期的外商资本与实收资本的比值衡量该指标；贸易开放程度（TR），使用 i 行业在 t 时期进出口总额与制造业主营业务收入之比进行衡量，由于进出口数据单位为美元，制造业主营业务收入的数据单位为元，因此利用人民币汇率年均价将单位统一之后进行核算。数据来源于《中国统计年鉴》、《中国工业统计年鉴》、中华人民共和国国家统计局、COMTRADE 数据库。数据的描述性统计见表4-2。

表4-2   描述性统计

变量	变量说明	样本量	均值	标准差	最小值	最大值
adc_{it}	反倾销案件（个）	396	2.755	4.079	0	24
sfc_{it}	保障措施案件（个）	396	0.682	1.325	0	8
$lnIDFDI_{it}$	双向直接投资（亿元）	396	1.787	0.636	0.191	3.160
$lnPGDP_{it}$	经济发展水平（万元/人）	396	4.381	0.790	2.560	6.533
$lnOS_{it}$	所有权结构（%）	396	2.049	1.123	-1.833	4.530
lnI_{it}	制度质量（%）	396	2.400	1.262	-6.215	3.897
$lnKL_{it}$	人均资本存量（万元/人）	396	3.019	0.812	0.842	6.512
lnW_{it}	工资水平（元）	396	10.48	0.665	8.895	12.23
$lnTR_{it}$	开放程度（%）	396	2.436	1.128	-0.416	5.388

第四节　实证分析

一、全样本分析

考虑到实证研究过程中可能存在内生性问题，本书采用 GMM 估计方法对模型进行检验。作为对比，同时给出了静态面板的估计结果，如表4-3所示。其中第（1）列表示固定效应（FE）回归结果，第（2）列表示随机效应（RE）回归结果，第（3）列表示差分 GMM（DIF-GMM）回归结果，第（4）列表示系统 GMM（SYS-GMM）回归结果。

表4-3   基本回归

变量	FE	RE	DIF-GMM	SYS-GMM
	(1)	(2)	(3)	(4)
$lnIDFDI_{i,t-1}$			-0.040 (0.556)	-1.214 (0.882)
adc_{it}	-0.043 ** (0.017)	-0.049 *** (0.017)	-0.573 ** (0.223)	-0.096 *** (0.034)

续表

变量	FE	RE	DIF – GMM	SYS – GMM
	（1）	（2）	（3）	（4）
$adc_{it} \times lnPGDP_{it}$	0.011 *** （0.004）	0.013 *** （0.004）	0.100 ** （0.045）	0.023 *** （0.008）
$lnPGDP_{it}$	− 0.404 *** （0.075）	− 0.519 *** （0.069）	− 1.640 *** （0.520）	− 1.548 ** （0.632）
$lnOS_{it}$	0.023 （0.025）	− 0.024 （0.022）	− 0.227 * （0.130）	− 0.285 ** （0.143）
lnW_{it}	0.657 *** （0.063）	0.745 *** （0.052）	1.159 *** （0.378）	1.608 ** （0.632）
$lnKL_{it}$	− 0.014 （0.054）	− 0.024 （0.053）	0.177 （0.147）	0.186 （0.260）
lnI_{it}	0.030 （0.032）	0.070 *** （0.026）	0.074 （0.138）	0.139 （0.086）
$lnTR_{it}$	0.306 *** （0.042）	0.358 *** （0.032）	0.553 ** （0.221）	0.985 ** （0.387）
Constant	− 4.164 *** （0.425）	− 4.679 *** （0.374）		− 8.924 ** （3.658）
ar2			0.325 [0.745]	− 1.567 [0.117]
sargan			0.176 [0.916]	3.408 [0.182]

注：（ ） 中显示的是估计系数的标准误，［ ］ 中显示的是统计量的 P 值；＊ 、＊＊和＊＊＊分别表示在10% 、5% 和1% 显著性水平下显著。

通过表 4 – 3 可以得出以下结论。

首先，滞后一期的 $lnIDFDI_{i,t-1}$ 虽然抑制了双向 FDI 的互动发展水平，但是其显著性没有通过检验。

其次，adc_{it} 会显著降低行业 $lnIDFDI_{it}$，中国制造业行业 adc_{it} 每增加 1% ，会导致 $lnIDFDI_{it}$ 降低 0.043 ~ 0.100 个百分点，这说明样本期内制造业行业遭受贸易摩擦不利于行业双向 FDI 的互动发展水平。究其原因，在贸易关系不确定的背景下，外资企业为应对贸易摩擦，会减少或推迟对中国的新增投资，并将相关订单转移至中国以外的工厂（王永中和周学智，2021）。因此，国外投资者为了降低因过度依赖中国投资与贸易而产生的风险，可能会在全球范围内进行重新配置产能和资源。从而造成 IFDI 下降，企业融资能力进一步削弱，企业发展遭遇挫折，从而减少对外投资。因此，贸易摩擦抑制了中国双向 FDI 的互动发展水平。

再次，从贸易摩擦规模的效应来看，贸易摩擦与经济规模的交互项 $adc_{it} \times lnPGDP_{it}$ 有效提升了 $lnIDFDI_{it}$，$adc_{it} \times lnPGDP_{it}$ 每提升 1 个百分点，$lnIDFDI_{it}$ 提升 0.011 ~ 0.1 个百分点，且至少在 1% 的水平下通过了检验，说明贸易摩擦通过规模效应促进了中国双向 FDI 的互动发展水平。受贸易摩擦影响，随着经济水平的下降，部分小微企业被淘汰，资金流向实力雄厚的大企业，各企业通过资源整合形成内部规模经济，提升了中国制造业行业的竞争能力，从而提高中国制造业在全球价值链分工的参与水平和地位（于畅和邓洲，2020）。OFDI 的提升促进企业的发展，一方面在西方发达国家和经济体打开了知名度，吸引 IFDI 流入；另一方面企业对外投资收获的利润提高了其在国内的竞争力，因而促进外资流入。因此，贸易摩擦通过规模效应提升了中国双向 FDI 的互动发展水平，假设 4.1 成立。

最后，从控制变量上来看，（1）经济规模上升会显著降低 $lnIDFDI_{it}$，且至少在 1% 的水平下通过了检验，说明经济规模上升，不利于双向 FDI 的互动发展水平。一方面，随着经济水平上升，国内金融发展愈加完善，企业融资渠道广泛，为规避汇率风险，公司管理权风险，降低外资进入程度；另一方面，国内经济水平上升产生广泛的投资机会，企业倾向于国内市场，优化消费者对其产品的需求，生产出优质产品满足国内消费者需求，并且由于受保守思想影响，为规避海外风险，企业对外投资意愿不足，因而随着经济规模上升，OFDI 下降，最终抑制双向 FDI 的互动发展水平。（2）行业所有制结构上升抑制了 $lnIDFDI_{it}$，且至少在 5% 的水平下通过了检验，表明制造业行业所有权结构的提升不利于双向 FDI 的互动发展水平。所有权结构越高，表明行业的国有资本参与程度越大，所在行业受国家政策影响程度越深，由于有政府背书，企业受融资约束较小，外资参与度不高，且国内国有控股企业受政策红利影响，其对外扩张意愿不如私营企业，最终不利于我国双向 FDI 的互动发展。（3）工资水平的上升促进了 $lnIDFDI_{it}$，且至少在 1% 的水平下通过了检验，说明工资水平高的行业，其更有利于双向 FDI 的互动发展水平。工资水平较高的行业多为中高端制造业，其科技水平、管理水平都优于其他行业，行业竞争能力强，对外资的吸引力度更高。同时，随着外资流入带来的技术，以及先进的管理能力促进了行业进一步发展，提高对外投资能力，因而工资水平的提高有效促进了双向 FDI 的互动发展水平。（4）资本存量上升会显著提高 $lnIDFDI_{it}$，表明我国产业结构调整显著，中高端制造业在制造业吸引外资和对外投资领域发挥更多力量。（5）制度质量升高提升了 $lnIDFDI_{it}$，表明在制造业行业中，外资进入程度越深的行业，越容易吸引外资和对外投资。外资流入提升了行业技术水平，拓宽了行业发展渠道，提高了行业竞争能力，促进了行业对外投资，最终提升了行业双向 FDI 的互动发展水平。（6）贸易开放程度上升会促进 $lnIDFDI_{it}$，究其原因，中国制造业行业在参与国际贸易的过程中，通过自身的市场区位优势和要素禀赋优势吸引了 IFDI 的流入，同时，为避免贸易摩擦带来的影响，通过对外投资进行产业转移，从而促进双向 FDI 的互动发展水平。

二、异质性检验

由于贸易摩擦在中国的发展阶段不同，且不同制造业行业的经济规模不同，双向 FDI 互动发展水平的大小不同，这可能会导致贸易摩擦规模效应对中国双向 FDI 互动发展水平的影响效果不同。因此，为了进一步考察贸易摩擦在不同发展阶段，不同双向 FDI 互动发展水平、不同经济规模下，对制造业行业 $lnIDFDI_{it}$ 是否存在异质性。本书分别以金融危机发生前后、IDFDI 规模高低、行业经济规模大小进行分组，系统分析了贸易摩擦通过规模效应对双向 FDI 互动发展水平的影响。

（一）分时间段估计结果

由前文可知，中国贸易摩擦发展共经历三个主要阶段，为探究不同阶段贸易摩擦通过规模效应对中国双向 FDI 互动发展的影响是否存在异质性，本书以 2008 年金融危机暴发时间前后为节点，将样本区间分为 2003 ~ 2008 年、2009 ~ 2020 年两组，具体回归结果见表 4 - 4。

表 4 - 4 分时间段回归结果

变量	2003 ~ 2008 年		2009 ~ 2020 年	
	DIF - GMM	SYS - GMM	DIF - GMM	SYS - GMM
$lnIDFDI_{i,t-1}$	- 0. 611 *** (0. 099)	- 0. 428 *** (0. 112)	0. 702 *** (0. 230)	1. 140 *** (0. 356)
adc_{it}	- 0. 190 * (0. 108)	- 0. 580 ** (0. 290)	- 0. 369 * (0. 196)	- 1. 461 ** (0. 646)
$adc_{it} \times lnPGDP_{it}$	0. 045 * (0. 027)	0. 148 * (0. 077)	0. 081 * (0. 044)	0. 267 ** (0. 118)
$lnPGDP_{it}$	- 2. 361 *** (0. 813)	- 0. 944 (0. 812)	0. 420 (0. 814)	- 0. 982 (0. 807)
$lnOS_{it}$	- 0. 376 ** (0. 146)	- 0. 264 * (0. 153)	0. 032 (0. 026)	0. 141 (0. 128)
lnW_{it}	2. 440 *** (0. 692)	- 0. 030 (0. 677)	- 0. 463 (0. 378)	- 0. 551 (0. 505)
$lnKL_{it}$	- 0. 704 (0. 519)	0. 196 (0. 485)	- 0. 144 (0. 114)	0. 509 * (0. 279)
lnI_{it}	0. 764 *** (0. 216)	- 0. 062 (0. 109)	0. 030 (0. 042)	- 0. 153 (0. 134)
$lnTR_{it}$	1. 148 *** (0. 322)	0. 670 *** (0. 132)	- 0. 332 (0. 207)	- 0. 005 (0. 169)
Constant		4. 906 (5. 035)		9. 276 ** (3. 664)
ar2	- 0. 0785 [0. 937]	0. 973 [0. 330]	- 1. 438 [0. 150]	- 1. 607 [0. 108]
sargan	8. 484 [0. 981]	13. 19 [0. 281]	2. 228 [0. 526]	1. 755 [0. 781]

注：( ) 中显示的是估计系数的标准误，[ ] 中显示的是统计量的 P 值；* 、** 和 *** 分别表示在 10% 、5% 和 1% 显著性水平下显著。

从 IDFDI 的滞后项来看，2003～2008 年，$lnIDFDI_{i,t-1}$ 显著抑制了 lnID-FDI$_{it}$，而 2009～2020 年，$lnIDFDI_{i,t-1}$ 显著促进了 $lnIDFDI_{it}$ 的上升，其存在异质性的原因可能在于，投资者在对外投资的评价方面心理因素占据重要考量，由于过去危机暴发后中国制造业抓住机遇，扩大外资引入和对外投资规模，取得了良好的发展，这鼓励了当前制造业行业吸引外商和对外直接投资，因而促进了双向 FDI 互动发展水平。

从贸易摩擦通过规模效应对双向 FDI 互动发展的影响来看，无论是在 2003～2008 年还是 2009～2020 年，$adc_{it} \times lnPGDP_{it}$ 均有效提升了 $lnIDFDI_{it}$，且通过了显著性水平检验。其中，2003～2008 年的 $adc_{it} \times lnPGDP_{it}$ 每提升 1 个百分点，$lnIDFDI_{it}$ 仅提高 0.045～0.148 个百分点，而在 2009～2020 年 $adc_{it} \times lnPGDP_{it}$ 每提升 1 个百分点，$lnIDFDI_{it}$ 提高了 0.081～0.267 个百分点。原因可能是，金融危机暴发后，发达国家和经济体为抵御金融危机的冲击，推出了刺激经济复苏的巨额投资计划，为中国企业对外投资带来机遇；同时，金融危机暴发后，部分国家通过优惠政策吸引外资（庞德良和石宇飞，2018），这降低了中国企业对外直接投资的成本。金融危机之后主要发达经济体的经济复苏步伐缓慢，促使贸易保护主义迅速抬头，为避免贸易保护和贸易摩擦，客观上会更多地促进对外直接投资的增加（夏雨和尚文程，2011），因此 IFDI 规模扩大，从而显著提升双向 FDI 互动发展水平。

（二）分 IDFDI 规模高低估计结果

由于我国不同行业存在双向 FDI 互动发展水平的差异性，可能会导致贸易摩擦规模效应影响双向 FDI 结果的差异性，为了进一步分析贸易摩擦通过规模效应对我国双向 FDI 的影响，本书按历年 IDFDI 规模高低将制造业 22 个行业分为高 IDFDI 行业[①]和低 IDFDI 行业[②]，具体回归结果见表 4－5。

---

① 高 IDFDI 行业：1、4、6、7、9、10、16、17、20、21、22。
② 低 IDFDI 行业：2、3、5、8、11、12、13、14、15、18、19。

表 4 - 5　　　　　　　　　　　　　分 IDFDI 回归结果

变量	高 IDFDI		低 IDFDI	
	DIF – GMM	SYS – GMM	DIF – GMM	SYS – GMM
$lnIDFDI_{i,t-1}$	– 0. 659 ** (0. 285)	– 0. 625 * (0. 339)	– 1. 117 *** (0. 267)	– 0. 187 (0. 412)
adc_{it}	– 0. 158 *** (0. 034)	– 0. 090 ** (0. 041)	0. 720 *** (0. 158)	0. 776 *** (0. 279)
$adc_{it} \times lnPGDP_{it}$	0. 041 *** (0. 010)	0. 020 ** (0. 008)	– 0. 139 *** (0. 037)	– 0. 139 *** (0. 050)
$lnPGDP_{it}$	– 0. 452 * (0. 249)	– 0. 764 *** (0. 265)	– 0. 765 (0. 735)	– 1. 848 ** (0. 779)
$lnOS_{it}$	– 0. 016 (0. 041)	– 0. 178 *** (0. 063)	0. 002 (0. 076)	0. 100 (0. 074)
lnW_{it}	0. 806 *** (0. 139)	1. 244 *** (0. 217)	1. 422 *** (0. 491)	2. 222 *** (0. 818)
$lnKL_{it}$	– 0. 159 * (0. 087)	– 0. 273 (0. 226)	0. 076 (0. 139)	0. 348 (0. 267)
lnI_{it}	– 0. 090 (0. 069)	0. 037 (0. 073)	– 0. 014 (0. 017)	0. 079 (0. 072)
$lnTR_{it}$	0. 554 *** (0. 139)	0. 364 *** (0. 104)	0. 803 *** (0. 209)	0. 584 *** (0. 197)
Constant		– 6. 249 *** (1. 326)		– 16. 371 *** (6. 194)
ar2	– 1. 438 [0. 151]	– 1. 479 [0. 139]	– 0. 828 [0. 408]	0. 639 [0. 523]
sargan	2. 368 [0. 306]	0. 400 [0. 819]	2. 727 [0. 256]	2. 172 [0. 950]

注:( ) 中显示的是估计系数的标准误,[ ] 中显示的是统计量的 P 值;*、**和***分别表示在 10%、5% 和 1% 显著性水平下显著。

从表 4 - 5 结果来看,分双向 FDI 规模高低使得贸易摩擦对 $lnIDFDI_{it}$ 的影响以及贸易摩擦规模效应对双向 FDI 互动发展水平的影响存在显著差异。

第一，贸易摩擦显著抑制了高 IDFDI 行业的双向 FDI 互动发展水平，但是显著促进了低 IDFDI 行业的双向 FDI 互动发展水平，其原因可能是，高 IDFDI 行业其本身外资进入程度更深，受贸易摩擦影响更大，当该行业遭受贸易摩擦时，由于进出口遭受冲击使得企业收入下降，竞争能力减弱，减少对外投资，同时收缩国内市场，不利于吸引外商直接投资，最终抑制双向 FDI 互动发展水平；而低 IDFDI 行业本身外资进入程度低，受贸易摩擦影响较小，部分流出高 IDFDI 行业的外商资本为规避风险可能会流向低 IDFDI 行业，从而促进了其外资进入程度，外资流入增加了企业研发资金，提高了企业技术水平、创新能力等所有权优势，有助于增强企业的投资信心，促进企业对外投资。因此，贸易摩擦促进了低 IDFDI 行业双向 FDI 互动发展水平。

第二，贸易摩擦通过规模效应显著抑制了低 IDFDI 行业的 $\ln IDFDI_{it}$，$adc_{it} \times \ln PGDP_{it}$ 每提高 1 个百分点，低 IDFDI 行业的 $\ln IDFDI_{it}$ 下降 0.139 个百分点，究其原因，受贸易摩擦影响，原材料价格上涨提高了低 IDFDI 行业生产成本，减少了低 IDFDI 行业的利润水平，行业经济规模降低，导致外资流出。同时，低 IDFDI 行业本身发展重心在国内，外资的减少打击了该行业对外投资的信心与经济实力。因此，贸易摩擦通过规模效应抑制了低 IDFDI 行业双向 FDI 互动发展水平。

（三）分经济规模估计结果

我国制造业不同经济规模行业对贸易摩擦产生的影响和承受能力存在差异，贸易摩擦对双向 FDI 的影响也可能不同。因此，基于中国制造业不同经济规模行业的异质性考量，本书将制造业 22 个行业按历年经济规模的大小分为高经济规模行业①和低经济规模行业②，具体回归结果见表 4-6。

---

① 高经济规模行业：1、2、3、9、10、11、14、15、19、20、21。
② 低经济规模行业：4、5、6、7、8、12、13、16、17、18、22。

表 4 - 6   分规模高低的回归结果

变量	高经济规模行业		低经济规模行业	
	DIF - GMM	SYS - GMM	DIF - GMM	SYS - GMM
$lnIDFDI_{it}$	- 0. 086 (0. 563)	- 0. 607 (0. 396)	0. 215 (0. 173)	- 0. 289 (0. 278)
adc_{it}	- 0. 697 ** (0. 274)	- 0. 642 *** (0. 178)	- 0. 256 ** (0. 118)	- 0. 553 *** (0. 166)
$adc_{it} \times lnPGDP_{it}$	0. 124 ** (0. 051)	0. 125 *** (0. 034)	0. 044 * (0. 026)	0. 127 *** (0. 037)
$lnPGDP_{it}$	- 1. 604 ** (0. 678)	- 0. 405 * (0. 221)	- 0. 448 * (0. 236)	- 0. 167 (0. 306)
$lnOS_{it}$	- 0. 205 (0. 151)	- 0. 306 *** (0. 088)	- 0. 026 (0. 063)	- 0. 071 * (0. 038)
lnW_{it}	1. 064 * (0. 555)	0. 363 ** (0. 163)	0. 446 *** (0. 162)	0. 257 * (0. 148)
$lnKL_{it}$	0. 099 (0. 164)	- 0. 246 ** (0. 120)	0. 005 (0. 129)	- 0. 036 (0. 206)
lnI_{it}	- 0. 046 (0. 072)	0. 064 ** (0. 031)	- 0. 211 (0. 131)	- 0. 171 (0. 142)
$lnTR_{it}$	0. 644 ** (0. 305)	0. 684 *** (0. 156)	0. 071 (0. 154)	0. 618 *** (0. 135)
Constant		0. 468 (1. 430)		- 0. 123 (1. 298)
ar2	1. 572 [0. 116]	0. 699 [0. 484]	1. 375 [0. 169]	- 0. 831 [0. 406]
sargan	0. 609 [0. 737]	52. 54 [0. 268]	38. 78 [0. 570]	50. 41 [0. 235]

注：( ) 中显示的是估计系数的标准误，[ ] 中显示的是统计量的 P 值；* 、** 和 *** 分别表示在 10% 、5% 和 1% 显著性水平下显著。

从分经济规模高低的分组的回归结果来看，首先，无论是高经济规模行业还是低经济规模行业，滞后一期的 IDFDI 对双向 FDI 互动发展水平的影响都不显著。其次，贸易摩擦对高经济规模行业双向 FDI 互动发展水平的抑制影响更高，究其原因，高规模行业相比于低规模行业，其出口参与和出口规模更高（马相东等，2019），且高规模行业更有能力吸引外资（龚梦琪和刘海云，2018），因而受贸易摩擦影响可能更深。最后，贸易摩擦通过规模效应促进了高经济规模行业和低经济规模行业 lnIDFDI_{it}，且通过了显著性水平检验。具体来看，$\text{adc}_{it} \times \text{lnPGDP}_{it}$ 每提升 1 个百分点，高经济规模行业 lnIDFDI_{it} 提高 0.124 ~ 0.125 个百分点，而低规模行业 lnIDFDI_{it} 提高了 0.044 ~ 0.127 个百分点，说明对于中国制造业不同经济规模的行业，贸易摩擦通过规模效应对行业双向 FDI 的影响结果较为一致。

三、稳健性检验

（一）缩减样本容量

为了具体考察贸易摩擦规模效应对行业双向 FDI 的影响，本节剔除制造业 22 个行业中未受贸易摩擦影响和受贸易摩擦影响较低的行业，将样本缩减为 18 个行业[①]，以此考察贸易摩擦规模效应对双向 FDI 的影响是否稳健。具体结果见表 4 - 7，从回归结果来看，所有变量的系数与显著性均与前文一致，因而结果稳健，说明样本区间内贸易摩擦通过规模效应有效促进了中国双向 FDI 互动发展水平。

表 4 - 7　　　　　　　　　　　缩减样本容量回归结果

变量	（1）	（2）	（3）	（4）
	DIF - GMM		SYS - GMM	
$\text{lnIDFDI}_{i,t-1}$	0.337 （0.295）	- 0.118 （0.162）	0.213 （0.150）	0.066 （0.094）
adc_{it}	- 0.608 *** （0.236）	- 0.237 ** （0.107）	- 1.293 *** （0.392）	- 0.215 *** （0.063）
$\text{adc}_{it} \times \text{lnPGDP}_{it}$	0.116 ** （0.047）	0.040 * （0.022）	0.261 *** （0.076）	0.027 ** （0.011）

---

① 被剔除的行业为：2、3、9、22。

续表

变量	(1)	(2)	(3)	(4)
	DIF – GMM		SYS – GMM	
$\ln PGDP_{it}$	0.101 (0.417)	− 0.743 *** (0.268)	− 0.396 ** (0.188)	− 0.284 (0.220)
$\ln OS_{it}$		− 0.100 * (0.061)		− 0.086 * (0.050)
$\ln W_{it}$		0.775 *** (0.181)		0.395 *** (0.097)
$\ln KL_{it}$		0.020 (0.132)		0.028 (0.126)
$\ln I_{it}$		− 0.055 (0.096)		− 0.057 (0.054)
$\ln TR_{it}$		0.415 *** (0.117)		0.497 *** (0.074)
Constant			3.616 *** (1.154)	− 1.809 ** (0.806)
ar2	1.252 [0.211]	0.514 [0.608]	0.821 [0.412]	0.592 [0.554]
sargan	6.474 [0.486]	12.15 [0.205]	4.700 [0.697]	15.47 [0.279]

注：（ ）中显示的是估计系数的标准误，［ ］中显示的是统计量的 P 值；*、**和***分别表示在10%、5%和1%显著性水平下显著。

（二）替换变量检验

本书采用反倾销案件数量测度了贸易摩擦通过规模效应对双向 FDI 互动发展水平的影响。为了检验这一结果的稳健性，进一步选取保障措施案件（sfc_{it}）替换反倾销案件，结果如表 4－8 所示。由表 4－8 可以发现，核心自变量的回归系数符号与前文的检验符号基本一致，且至少在 5% 的显著性水平下通过了检验，其结果与表 4 - 3 基本一致，具有较好的稳健性。

表 4 - 8 替换变量回归结果

变量	(1)	(2)	(3)	(4)
	DIF – GMM		SYS – GMM	
$\ln IDFDI_{i,t-1}$	- 0. 183 * (0. 111)	- 0. 464 *** (0. 115)	0. 612 (0. 411)	0. 051 (0. 247)
sfc_{it}	- 3. 686 *** (0. 429)	- 0. 666 *** (0. 201)	- 3. 690 ** (1. 678)	- 0. 327 *** (0. 074)
$sfc_{it} \times \ln PGDP_{it}$	0. 709 *** (0. 082)	0. 095 ** (0. 041)	0. 716 ** (0. 336)	0. 064 *** (0. 015)
$\ln PGDP_{it}$	0. 140 (0. 099)	- 1. 159 *** (0. 265)	- 0. 337 (0. 262)	- 0. 836 ** (0. 346)
$\ln OS_{it}$		- 0. 056 (0. 069)		- 0. 124 ** (0. 060)
$\ln W_{it}$		0. 036 (0. 095)		0. 057 (0. 053)
$\ln KL_{it}$		0. 011 (0. 107)		0. 156 (0. 192)
$\ln I_{it}$		1. 230 *** (0. 206)		0. 743 *** (0. 220)
$\ln TR_{it}$		0. 631 *** (0. 131)		0. 461 *** (0. 145)
Constant			2. 531 *** (0. 898)	- 3. 862 *** (1. 306)
ar2	1. 155 [0. 248]	0. 585 [0. 558]	1. 101 [0. 271]	1. 403 [0. 161]
sargan	7. 257 [0. 610]	21. 06 [0. 176]	10. 96 [0. 447]	4. 864 [0. 302]

注：（ ）中显示的是估计系数的标准误，［ ］中显示的是统计量的 P 值；* 、** 和 *** 分别表示在 10% 、5% 和 1% 显著性水平下显著。

第五节　本章小结

本书利用中国制造业中 22 个行业 2003～2020 年的面板数据，实证分析了贸易摩擦通过规模效应对双向 FDI 互动发展水平的影响，并在异质性分析中考察了不同贸易摩擦发展阶段、不同双向 FDI 规模高低、不同经济规模下贸易摩擦通过规模效应对双向 FDI 互动发展水平的影响。结果如下：（1）全行业的研究表明，贸易摩擦抑制了双向 FDI 互动发展水平，而贸易摩擦通过规模效应提升了双向 FDI 互动发展水平；（2）分时间阶段研究表明，金融危机暴发后至今，贸易摩擦通过规模效应对双向 FDI 互动发展水平的促进更高；（3）分双向 FDI 互动发展水平的规模高低的研究表明，贸易摩擦通过规模效应促进高 IDFDI 行业的双向 FDI 互动发展水平，抑制低 IDFDI 行业的双向 FDI 互动发展水平；（4）分经济规模回归结果表明，贸易摩擦对高经济规模行业双向 FDI 互动发展水平的抑制影响更高，贸易摩擦通过规模效应对不同经济规模的行业影响一致。

第五章

贸易摩擦影响中国双向 FDI 互动发展的结构效应分析

第一节　问题提出

现阶段贸易摩擦在我国呈现出全面性、战略性、持续性特征，对我国整体经济发展带来了很大的不确定性（王云胜等，2020）。在贸易摩擦持续升级的背景下，全球产业链受到威胁，国内产业结构调整日趋加快。党的二十大提出，"坚持以推动高质量发展为主题，把实施扩大内需战略同深化供给侧结构性改革有机结合起来，增强国内大循环内生动力和可靠性，提升国际循环质量和水平。"2018 年 3 月 5 日，习近平总书记在参加十三届全国人大一次会议内蒙古代表团审议时强调，"推动经济高质量发展要把重点放在推动产业结构转型升级上"。由此可见，一国经济的发展并不仅仅表现为总量的增加，更表现为经济结构的变动，其核心是产业结构的升级。然而，在开放经济条件下，贸易摩擦与产业结构升级之间存在重要联系（史长宽，2019）。具体而言，贸易摩擦既有促进新兴产业发展、提升产业技术水平、完成产业结构高度化、产业结构合理化的积极效应，也有引致产业结构畸形化、阻滞国内产业生长的消极效应。一方面，贸易摩擦会通过优化出口商品结构，降低我国对国际贸易的依赖程度，促进我国产业结构升级；另一方面，贸易摩擦会通过阻碍我国高科技产业发展抑制产业结构升级。然而，在开放经济条件下，产业发展的定位不仅局限于国内，也会对国家经济内部循环和国际经济外部循环造成双重影响。通过连接国内外两种资源、两种市场来进行产业结构的升级（朱燕，2010），使双向 FDI 更多地流向技术密集型与资本密集型产业，这些产业通常位于价值链高端，而使得位于价值链中低端的劳动密集型产业的双向 FDI 减少（卢进勇等，2019），同时加大对高新技术产品的投资强度，其本质上也加强了双向 FDI 的互动发展水平。因此，贸易摩擦不仅会通过规模效应影响双向 FDI 互动发展水平，也会通过结构效应影响双向 FDI 互动发展水平。

当前，我国产业结构调整正朝着高新技术产业和现代服务业发展。但与发达国家相比，我国的产业结构还处于低级水平，存在第三产业增长速度缓慢、制造业附加值低、高端产业竞争力弱和现代服务业发展不充分等问题。随着"制造业 2025"相关战略的推进，现阶段要实现由"制造大国"向"制造强国"转变，"中国制造"向"中国创造"转型升级，势必需要对结构效应进行深入考察与分析。那么，贸易摩擦是否通过结构效应对双向 FDI 互动发展水平产生影响？这种影响的作用方向如何？厘清以上问题不仅能够为中国从结构效应层面找到培育"引进来"和"走出去"并重的国际经济合作新优势提供政策借鉴，也能够为国内相关产业结构政策制定提供科学依据和理论指导，具有重要的研究意义。因此，本章拟从产业结构演进视角，将产业结构演进方向表征为产业结构高度化，并相对应地从技术结构、劳动结构、收入结构三个方面进行衡量，进而探讨贸易摩擦通过产业结构演进影响双向 FDI 互动发展水平的效应。

第二节　理论机制

为考察贸易摩擦通过产业结构高度化影响中国制造业双向 FDI 互动发展的机制，本章参照冯春晓（2009）的做法，从技术结构、劳动结构、收入结构三个方面对产业结构高度化进行分解，进而考察贸易摩擦如何通过技术结构高度化、劳动结构高度化、收入结构高度化影响中国制造业双向 FDI 互动发展。

一、贸易摩擦、技术结构高度化影响中国制造业双向 FDI 互动发展的机制

首先，贸易摩擦会通过促进技术结构高度化进而推动中国双向 FDI 互动发展。具体而言，贸易摩擦所导致的贸易壁垒增加，会促使企业市场竞争环境更加激烈，为了提升本土企业的技术水平，就会迫使其追加创新研发的投入，提高企业技术结构高度化水平；而技术结构高度化的提升不仅有利于母国制造业吸引高技术水平的 IFDI，进行国际合作，而且有利于企业高质量"走出去"，形成双向 FDI 良性互动新局面。

其次，贸易摩擦会通过抑制技术结构高度化进而阻碍中国双向 FDI 互动发展。具体而言，贸易摩擦会抑制对外贸易的开展，而对外贸易是连接国际间经济技术往来的重要渠道，中国作为制造业出口大国，贸易摩擦的产生会阻碍制造业的国际技术联系，并通过抑制前沿产品的引进、开发、创新，进而抑制技术结构高度化；而在中国劳动红利逐渐丧失、制造业面临高端转型的背景下，技术结构高度化的降低会导致一些技术寻求型 IFDI 下降，IFDI 规模下降所导致的经济总量降低又会在一定程度上抑制企业"走出去"，进而 OFDI 规模下降，最终导致双向 FDI 之间的良性互动程度降低。

综上，从中国的现实情况来看，贸易摩擦的产生倒逼中国进行技术改革，进而促进了技术结构高度化水平的提高，而技术结构高度化的提高又有利于双向 FDI 互动发展。因此，本书提出假说 5.1：贸易摩擦会通过促进技术结构高度化进而推动中国制造业双向 FDI 互动发展。

二、贸易摩擦、劳动结构高度化影响中国制造业双向 FDI 互动发展的机制

首先，贸易摩擦会通过促进劳动结构高度化进而推动中国双向 FDI 互动发展。在全球经济一体化的背景下，产品生产由产业链构成，因此贸易摩擦所导致的贸易成本增加不仅会影响最终产品生产的企业本身，还会通

过"波纹效应"影响该产品生产的上下游产业部门。这一方面会促使该产品生产企业和上下游生产企业部门脱离"温室环境",参与到激烈的国际竞争中去;另一方面,当贸易成本上升导致企业利润下降时,会促使那些依靠廉价劳动力等优势进行生产的企业被淘汰,而那些生产率较高的企业为了获取更多的市场份额,实现规模经济,就不得不通过产品和技术创新实现产业升级。因此,贸易摩擦所导致的贸易成本上升能够在一定程度上助推中国摒弃部分低附加值和低技术含量的劳动密集型产业生产,净化市场环境,促进产业升级。而产业升级在一定程度上说明该产业具备更强的国际竞争力,需要更多高技术人才,这就会倒逼技术密集型企业进行人才培训,促进劳动结构高度化水平提高;而劳动结构高度化水平的提高不仅有利于企业制定更合理的"走出去"战略,促进 OFDI 提高,而且有利于高质量的"引进来",实现双向 FDI 互动发展。

其次,贸易摩擦会通过抑制劳动结构高度化进而阻碍中国双向 FDI 互动发展。已有研究表明,在开放经济背景下,企业在进行国际贸易往来的过程中,会涉及设备的安装、运行、维护等诸多需要高技术人才参与并指导的服务过程(宋书新等,2023)。而东道国在实施贸易摩擦过程中,会通过设置公民出入境门槛等手段抑制高技术人才的国际流动,这就会导致贸易伙伴国人员在进行技术交流、学习、模仿等方面受到阻碍或中断,以及不可避免地抑制母国劳动力结构高度化水平。而无论是"引进来"还是"走出去",都需要人才作支撑,因此当劳动力结构高度化受阻时,会抑制制造业双向 FDI 互动发展。

综上,从中国的现实情况来看,贸易摩擦所导致的产业升级会倒逼制造业企业进行人才培训,实现人才本土化水平的提高,这就会促进劳动结构高度化水平提高,进而促进双向 FDI 互动发展。因此,本书提出假设 5.2:贸易摩擦会通过促进劳动结构高度化进而推动中国双向 FDI 互动发展。

三、贸易摩擦、收入结构高度化影响中国制造业双向 FDI 互动发展的机制

首先,贸易摩擦会促进收入结构高度化,进而推动中国双向 FDI 互动

发展。在国际贸易不稳定因素不断复杂化和世界经济下行压力增大的背景下，一方面，贸易摩擦的产生推动了产业数字化和数字化生产，制造业产品技术含量提高，市场竞争力显著增强，这就降低了产品受外部需求冲击的影响；另一方面，在贸易摩擦的冲击下，传统的贸易方式受阻，交易成本显著增加，贸易风险增大，这就会倒逼制造业企业通过数字化生产降低信息不对称所导致的贸易风险，从而增加出口韧性，收入结构高度化水平显著增强。而收入结构高度化水平的上升，更有利于企业市场竞争力的提高，本土企业市场竞争力提升，不仅有利于企业"走出去"，也有利于增强国际合作，高质量的"引进来"，进而促进双向 FDI 互动发展。

其次，贸易摩擦会通过抑制收入结构高度化进而阻碍中国双向 FDI 互动发展。现有研究指出，贸易摩擦会导致被诉国进出口商品的显著增加，商品价格的提升必然会削减企业国际市场竞争力，导致被诉国对外贸易受到阻碍（Lu，et al.，2013；鲍晓华、陈清萍，2019），这就不利于新产品的销售，出口韧性下降，进而抑制收入结构高度化。而收入结构高度化水平的降低会导致制造业经济规模下降，不利于企业"走出去"和高质量的"引进来"，最终抑制制造业双向 FDI 互动发展（如图 5 - 1 所示）。

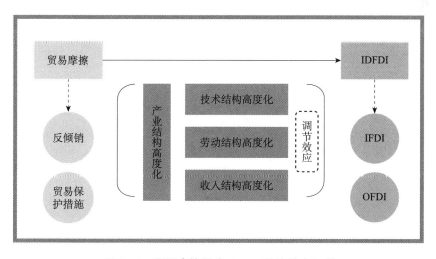

图 5 - 1　贸易摩擦影响 IDFDI 结构效应机制

综上，从中国的现实情况来看，在贸易摩擦加剧的背景下，中国大力发展数字经济、数字贸易，促进了制造业收入结构高度化水平的提升，这就有利于双向 FDI 互动发展。因此，本书提出假设 5.3：贸易摩擦会通过促进收入结构高度化进而推动中国双向 FDI 互动发展。

第三节　模型设定及数据说明

一、模型设定

本章主要考察贸易摩擦通过结构效应对中国双向 FDI 互动发展水平造成的影响。限于数据的可获得性和完整性，本章同样采用了在剔除纺织服装、服饰业以及印刷和记录媒介复制业等相关行业后，选取我国 22 个制造业行业在 2003～2020 年的数据进行分析，引入反倾销作为核心解释变量，引入技术结构高度化、劳动结构高度化、收入结构高度化三个因素作为解释变量。同时，引入了反倾销与技术结构高度化的交互项、反倾销与劳动结构高度化的交互项、反倾销与收入结构高度化的交互项，以反映技术结构、劳动结构和收入结构对反倾销与中国双向 FDI 互动发展之间的调节效应。由于双向 FDI 具有一定的延续性，为了克服模型可能存在的内生性问题对实证结果造成冲击，本书在模型中纳入 IDFDI 滞后项用以控制内生冲击。模型如下：

$$\ln\text{IDFDI}_{it} = \beta_0 + \beta_1 \ln\text{IDFDI}_{i,t-1} + \beta_2 \text{adc}_{it} + \beta_3 \left(\text{adc}_{it} \times \ln\text{ts}_{it}\right) + \beta_4 \ln \text{ts}_{it} + \beta_5 \text{CX}_{it} + \varepsilon_{it} \tag{5-1}$$

$$\ln\text{IDFDI}_{it} = \gamma_0 + \gamma_1 \ln\text{IDFDI}_{i,t-1} + \gamma_2 \text{adc}_{it} + \gamma_3 \left(\text{adc}_{it} \times \ln\text{ls}_{it}\right) + \gamma_4 \ln \text{ls}_{it} + \gamma_5 \text{CX}_{it} + \varepsilon_{it} \tag{5-2}$$

$$\ln\text{IDFDI}_{it} = \theta_0 + \theta_1 \ln\text{IDFDI}_{i,t-1} + \theta_2 \text{adc}_{it} + \theta_3 \left(\text{adc}_{it} \times \ln\text{is}_{it}\right) + \theta_4 \ln \text{is}_{it} + \theta_5 \text{CX}_{it} + \varepsilon_{it} \tag{5-3}$$

其中，i 表示行业，t 表示时间，IDFDI_{it} 表示中国制造业 i 行业在第 t 期双向 FDI 协调发展水平，β_0、γ_0、θ_0 为截距项，adc_{it} 表示第 t 期世界其他国家对中国 i 行业发起反倾销调查案件的数量，ts_{it} 表示 i 行业在第 t 期技术结构高度化水平，ls_{it} 表示 i 行业在第 t 期劳动结构高度化水平，is_{it} 表示 i 行业在第 t 期收入结构高度化水平，$AD_{it} \times ts_{it}$ 表示反倾销与技术结构高度化的交互项，$AD_{it} \times ls_{it}$ 表示反倾销与劳动结构高度化的交互项，$AD_{it} \times is_{it}$ 表示反倾销与收入结构高度化的交互项，cv_{it} 表示控制变量，ε_{it} 为随机扰动项。

二、数据说明

为衡量产业结构高度化水平，参照冯春晓（2009）的做法，从技术结构、劳动力结构、收入结构三个方面进行分解。具体如下：技术结构高度化，用制造业的 R&D 经费内部支出占主营业务收入的比例表示，单位为%，该比例越大表示技术结构越高级；劳动结构高度化，用 R&D 全员当量与从业人员年平均人数的比值表示，该比值越大表示劳动结构越高级；收入结构高度化，用制造业新产品销售收入占当年主营业务收入的比例表示，单位为%，该比例越高表明产品结构越高级，该指标体现了产业的创新潜能。为减弱模型中数据的异方差性，对上述三个变量进行对数化处理。被解释变量、解释变量和相关控制变量的测度过程同上文一致。本书选取的样本数为 396，相关变量描述性统计见表 5－1。

表 5－1　　　　　　　　　　　调节变量描述性统计

变量类型	变量符号	变量说明	平均值	标准差	最小值	最大值	25 分位数	中位数	75 分位数
调节变量	$lnts_{it}$	技术结构高度化	2.351	0.864	-0.401	4.668	2.399	2.399	2.913
	$lnls_{it}$	劳动结构高度化	3.646	0.864	0.894	5.963	3.103	3.694	4.208
	$lnis_{it}$	收入结构高度化	0.293	0.711	-1.925	1.969	0.395	0.395	0.819

第四节　实证分析

一、基准回归

为衡量产业结构在贸易摩擦影响双向 FDI 互动发展过程中所起的作用，本书主要采用动态面板差分 GMM 对模型进行估计，为了保证结果的稳健性，在基准回归模型中同时给出系统 GMM（SYS – GMM）的回归结果，见表 5 – 2。其中第（1）～（3）列为差分 GMM（DIF – GMM）回归结果，第（4）～（6）列为系统 GMM（SYS – GMM）回归结果。

根据表 5 – 2 回归结果可知，首先，从差分 GMM 和系统 GMM 的总体回归结果上看，无论是引入技术结构高度化、劳动结构高度化还是收入结构高度化这三个因素之一作为解释变量，行业反倾销案件作为核心解释变量，对当期双向 FDI 互动发展水平的影响均显著为负，并且至少在 10% 的显著性水平下通过了检验。这说明贸易摩擦对中国制造业 IDFDI 的发展在总体上存在消极作用。可能原因如下：贸易摩擦的存在虽然在一定程度上会促进企业进行对外直接投资，但在贸易摩擦对产业结构的冲击下，IFDI 的水平也会发生一定程度的下降，且就中国而言，由于中国工业发展起步较晚，IFDI 整体规模高于 OFDI。因此，IFDI 的下降规模会超过 OFDI 的上升规模，从而导致贸易摩擦对双向 FDI 互动发展造成了消极影响。

其次，从技术结构、劳动结构、收入结构三个角度看，差分 GMM 回归系数均显著为负，且至少在 10% 的显著性水平下通过了检验，其中技术结构和劳动结构的回归系数在 1% 水平下显著，分别为 –1.385 和 –0.650，收入结构高度化水平的回归系数在 10% 的水平下显著，为 –0.236，说明产业结构高度化不利于双向 FDI 互动发展水平的提高。可能原因如下：无论技术结构、劳动结构还是收入结构的高度化均未跨过其拐点，在产业结构升级的过程中，特别是产业结构升级初期，由于其经济发展水平有限，产业结构升级更注重其本身的高度化水平提升，此时进口替代效应的存在，使得其降低了对外资注入的依赖程度，并不利于外商直接投资的进一步发展。另外，由于我国工业起步较晚，发展水平较为落后，且作为名副其实的制造大国，参与制造业全球价值链分工时处于劣势地位，容易陷入"低端锁定"的陷阱，而且样本期内产业结构的升级并不会带来对外直接投资的明显增加，因此，产业结构高度化反而抑制了双向 FDI 互动发展的提高。

最后，反倾销和产业结构高度化的交互项系数均为正，且至少在 10% 的显著性水平下通过了检验，说明贸易摩擦在一定程度上会促进产业结构高度化水平，进而促进双向 FDI 互动发展的增长。可能原因如下：虽然产业结构高度化在样本期内对双向 FDI 互动发展具有负向作用，但是当贸易摩擦所导致的产业结构进一步发展升级以至突破门槛时，其不仅可以通过减少贸易摩擦而达到促进双向 FDI 互动发展的目的，而且产业结构升级本身也可以使得经济由进口替代型逐步转向出口导向型，逐步从"中国制造"发展为"中国智造"和"中国创造"，从而促进外商直接投资和对外直接投资的协同发展，最终实现双向 FDI 互动发展水平高质高效的提升。综上，假设 5.1 ~ 假设 5.3 得到验证。

表 5 – 2　　　　　　　　　　　　基准回归结果

变量	DIF – GMM			SYS – GMM		
	（1）	（2）	（3）	（4）	（5）	（6）
$lnIDFDI_{it-1}$	0.170 （0.337）	0.553 *** （0.070）	0.007 （0.079）	0.0274 （0.136）	0.158 （0.261）	0.500 *** （0.055）
adc_{it}	− 0.092 * （0.050）	− 0.221 *** （0.067）	− 0.053 ** （0.025）	− 0.072 *** （0.008）	− 0.189 ** （0.085）	− 0.034 * （0.019）
$lnts_{it}$	− 1.385 *** （0.498）			− 0.077 （0.176）		
$adc_{it} \times lnts_{it}$	0.242 * （0.129）			0.088 *** （0.021）		
$lnls_{it}$		− 0.650 *** （0.151）			0.232 （0.282）	

续表

变量	DIF – GMM			SYS – GMM		
	（1）	（2）	（3）	（4）	（5）	（6）
$adc_{it} \times lnls_{it}$		0.055*** (0.049)			0.039** (0.019)	
$lnis_{it}$			−0.236* (0.134)			−0.178 (0.141)
$adc_{it} \times lnis_{it}$			0.029*** (0.009)			0.016** (0.006)
Control	Yes	Yes	Yes	Yes	Yes	Yes
_ cons				−1.119* (0.585)	0.869 (1.636)	−2.345** (1.129)
AR（2）	0.98 (0.325)	−1.61 (0.107)	−0.14 (0.890)	1.49 (0.136)	1.41 (0.157)	0.99 (0.324)
Sargan	0.67 (0.955)	3.69 (0.884)	9.82 (0.365)	12.01 (0.100)	10.19 (0.424)	10.81 (0.147)
Observations	352	352	352	374	374	374
Number of type	22	22	22	22	22	22

注：（ ）中显示的是估计系数的标准误；*、**和***分别表示在10%、5%和1%显著性水平下显著。

二、异质性分析

前文的研究结果表明，产业结构高度化对双向 FDI 互动发展水平的影响可能随着产业结构发展的水平而存在差异，为了进一步分析这种差异，本节分别以产业结构水平、双向 FDI 互动发展水平和时间区间进行分组，系统分析贸易摩擦影响双向 FDI 互动发展的结构效应。

（一）产业结构异质性

由于不同水平的产业结构可能会对贸易摩擦产生不同的反应进而影响

IDFDI，因此，基于对产业结构发展水平异质性的考量，本小节将分别以技术结构、劳动结构以及收入结构高度化的总体平均值作为划分标准，在前文剔除相应行业的数据基础上，将 22 个制造业行业对应地划分为高产业结构组①和低产业结构组②，如果某个行业的平均产业结构高于制造业产业结构的总体平均值，则将该行业划分为高产业结构组，反之则将其划分为低产业结构组，回归结果如表 5 – 3 所示。

表 5 – 3　　　　　　　　　　　　分行业检验结果

变量	技术结构		劳动结构		收入结构	
	low	high	low	high	low	high
$\ln\text{IDFDI}_{it-1}$	0. 607 * (0. 320)	1. 708 *** (0. 583)	0. 389 * (0. 218)	0. 512 (0. 445)	0. 759 (0. 806)	1. 001 (1. 199)
adc_{it}	− 0. 043 ** (0. 021)	− 0. 165 * (0. 091)	− 0. 130 *** (0. 042)	− 0. 634 *** (0. 243)	− 0. 129 *** (0. 042)	− 1. 002 *** (0. 297)
$\ln\text{ts}_{it}$	− 0. 448 (0. 319)	− 4. 211 *** (1. 414)				
$\text{adc}_{it} \times \ln\text{ts}_{it}$	− 0. 136 ** (0. 055)	0. 428 ** (0. 213)				
$\ln\text{ls}_{it}$			− 0. 494 ** (0. 235)	− 0. 601 *** (0. 193)		
$\text{adc}_{it} \times \ln\text{ls}_{it}$			0. 030 *** (0. 011)	0. 147 *** (0. 046)		
$\ln\text{is}_{it}$					− 0. 337 ** (0. 165)	− 0. 182 (0. 320)
$\text{adc}_{it} \times \ln\text{is}_{it}$					0. 046 *** (0. 014)	0. 294 *** (0. 102)
Control	Yes	Yes	Yes	Yes	Yes	Yes

①　高技术结构高度化：2、10、11、14、15、17、18、19、20、21、22。
高劳动和收入结构高度化：3、4、7、11、17、18、19、20、21、22。
②　低技术结构高度化：1、3、4、5、6、7、8、9、12、13、16。
低劳动和收入结构高度化：1、2、5、6、8、9、10、12、13、14、15、16。

变量	技术结构		劳动结构		收入结构	
	low	high	low	high	low	high
AR（2）	1.05 (0.294)	0.98 (0.327)	-0.57 (0.570)	0.03 (0.976)	0.22 (0.826)	1.62 (0.105)
Sargan	11.38 (0.726)	5.09 (0.826)	1.20 (0.991)	8.29 (0.410)	0.17 (0.917)	0.19 (0.910)
Observations	176	176	192	160	192	160
Number of type	11	11	12	10	12	10

注：（ ）中显示的是估计系数的标准误；*、**和***分别表示在10%、5%和1%显著性水平下显著。

根据表5-3回归结果，从总体上看，在进一步对产业结构细化后，核心解释变量反倾销的回归系数在不同水平的技术结构、劳动结构以及收入结构下，均至少在10%的显著性水平下通过了检验，且检验结果显著为正。这表明在样本期内的产业结构下，不同水平的产业结构高度化均会对IDFDI造成消极影响。

从技术结构角度来看，低技术结构企业和高技术结构企业 IDFDI 关于反倾销的回归系数均为负，分别为 -0.448 和 -4.211，这表明对于具有不同技术结构水平的企业而言，产业结构高度化均会由于贸易摩擦的发生而对 IDFDI 产生负面影响，但高技术结构企业的回归系数绝对值大于低技术结构企业，表明高技术结构企业面对贸易摩擦时受到的负面影响会更大，可能原因如下：其一，贸易摩擦阻碍了中国高技术产品的出口，导致中国的高技术产品在贸易壁垒的限制下，无法达到出口要求进而滞销国内，出现价格下降，企业利润受损的情况。对于小微企业而言，由于自身缺乏资金，因而创新驱动力不足，而且在贸易摩擦限制了外国投资注入的背景下，小微企业的创新力会进一步匮乏，从而被迫退出市场。对于中大型企业而言，面对贸易摩擦带来的消极影响，也会减少相关产品的出口。其二，贸易摩擦也会限制中国在引进高新技术的基础上进行模仿改造，中国作为制造业大国，正处于由"制造"向"智造"转变的关键时期，但由于我国起步较晚，因此在许多高新技术上仍落后于发达国家，相较于完全自主研发，引进高新技术并对其进行模仿和完善是更为高效的方式。而贸易摩擦的出现恰恰阻碍了我国高技术结构的企业从其他国家引进高新技术，从而限制了我国高技术产品的研发和出口。其三，由于伴随着技术水平的提高，我国高技术产品的出口规模越来越大，引起了发达国家的注意并采取了诸多限制手段，短期的贸易壁垒加重了我国高技术企业的关税负担，一方面降低了高技术企业的创新积极性，另一方面也阻碍了我国高技术产品"走出去"，无法及时从国际市场的反馈中完善产品并对技术进行迭代升级。因此，从样本期来看，相较于低技术结构企业，产业结构高度化对于高技术结构企业的消极影响更为突出。

从劳动结构角度来看，低劳动结构企业和高劳动结构企业 IDFDI 关于反倾销的回归系数均至少在 5% 水平下显著为负，回归结果分别为 -0.494 和 -0.601。这表明对于具有不同劳动结构水平的企业而言，产业结构高度化均会对 IDFDI 造成负面影响。高劳动结构企业受到的影响大于低劳动结构企业，原因可能在于劳动结构越高级，R&D 全员当量与从业人员平均人数的比值越高，而 R&D 部门更多从事高技术产业活动，更容易受到贸易摩擦的制约。因此，高劳动结构企业受到产业结构高度化的负面影响更为突出。

从收入结构角度来看，低收入结构行业和高收入结构行业 IDFDI 关于反倾销的回归系数均为负，低收入结构企业的回归系数在 5% 水平下显著，为 -0.337，而高收入结构企业回归系数为负但并不显著。这表明对于具有不同收入结构水平的企业而言，产业结构高度化会对 IDFDI 同样产生消极影响，可能原因在于中国是制造业大国，制造业产品规模十分庞大，但制造业产品主要集中在中低端层面，而新产品产出规模较小，贸易摩擦对进出口产品的限制制约了中国制造业产品的对外出口，产业结构高度化的负面作用尤其体现在中低端制造业产品的销售上，而对于新产品的销售，由于样本期制造业新产品规模的限制，有一定负面影响但并非十分显著。

从反倾销和产业结构高度化的交互项来看，从技术结构角度出发，高技术结构企业的交互项系数显著为正，并在 5% 的显著性水平下通过检验。这说明贸易摩擦会在一定程度上促进高技术结构企业的产业结构高度化发展，从而促进 IDFDI 发展，原因可能在于高技术企业的产业结构高度化进程在贸易摩擦的背景下会进一步倒逼加速，中国的高技术行业存在较大获利空间，因此，提高了外商对高技术企业进行直接投资的积极性。从劳动结构角度出发，低劳动结构企业和反倾销的交互项系数以及高劳动结构企业和反倾销的交互项系数均显著为正，并在 1% 的水平下显著。这表明贸易摩擦在一定程度上促进了不同企业的劳动结构高度化水平发展，进而促进了 IDFDI 的发展。从收入结构角度出发，不同高度化的企业收入结构与反倾销的交互项系数均在 1% 的水平下显著为正，这表明贸易摩擦通过促进收入结构高度化进而促进 IDFDI 的发展。

（二）分行业分析——按 IDFDI 水平高低

由于我国不同行业在双向 FDI 互动发展水平上存在差异，这些差异可能导致贸易摩擦结构效应对双向 FDI 的研究结果存在偏差，为了进一步分析贸易摩擦影响双向 FDI 的结构效应，本节将前文制造业 22 个行业的数据根据 IDFDI 大小分为低 IDFDI[①] 和高 IDFDI[②] 两组，具体回归结果见表 5 - 4。

表 5 - 4   分 IDFDI 水平高低划分检验结果

变量	低 IDFDI			高 IDFDI		
	（1）	（2）	（3）	（4）	（5）	（6）
$\ln IDFDI_{it-1}$	- 0.253 (0.260)	0.377 (0.269)	- 0.949 ** (0.386)	- 0.350 (0.285)	0.0634 (0.198)	- 0.0145 (0.173)
adc_{it}	0.288 ** (0.135)	0.146 * (0.080)	- 0.239 (0.179)	- 0.0593 ** (0.028)	- 0.238 *** (0.062)	- 0.218 * (0.115)
$\ln ts_{it}$	0.782 * (0.420)			- 0.425 (0.294)		
$adc_{it} \times \ln ts_{it}$	- 0.301 *** (0.107)			0.070 ** (0.028)		

---

① 低 IDFDI 行业：2、3、5、8、11、12、13、14、15、18、19。
② 高 IDFDI 行业：1、4、6、7、9、10、16、17、20、21、22。

变量	低 IDFDI			高 IDFDI		
	（1）	（2）	（3）	（4）	（5）	（6）
$lnls_{it}$		0.867 ** (0.360)			−0.475 ** (0.205)	
$adc_{it} \times lnls_{it}$		−0.037 (0.024)			0.057 *** (0.014)	
$lnis_{it}$			−1.563 *** (0.592)			−0.364 * (0.188)
$adc_{it} \times lnis_{it}$			0.180 * (0.105)			0.071 ** (0.034)
Control	Yes	Yes	Yes	Yes	Yes	Yes
AR（2）	−0.58 (0.559)	0.84 (0.403)	−1.25 (0.210)	−0.52 (0.600)	−0.92 (0.360)	−0.35 (0.723)
Sargan	4.48 (0.345)	2.28 (0.943)	4.30 (0.507)	5.66 (0.685)	0.74 (0.998)	2.22 (0.696)
Observations	176	176	176	176	176	176
Number of type	11	11	11	11	11	11

注：（ ）中显示的是估计系数的标准误；∗、∗∗和∗∗∗分别表示在 10%、5% 和 1% 显著性水平下显著。

从表 5 − 4 的第（1）、（2）列和第（4）、（5）列的结果来看，在引进技术结构和劳动结构后，低 IDFDI 企业的反倾销回归系数均显著为正，而高 IDFDI 企业的反倾销回归系数均显著为负，产生这种差别的原因可能是在于 IDFDI 发展程度不同。高 IDFDI 企业由于本身外资注入规模更大，在外资的扶持下，技术结构和劳动结构更加具有高度化特点，当发生贸易摩擦时，高 IDFDI 企业受到的负面冲击要大于从贸易摩擦对产业结构高度化的限制中获得的正向影响，因此，从总体上看，贸易摩擦对高 IDFDI 企业造成了负面影响。从表 5 − 4 的第（3）、（6）列结果来看，贸易摩擦对低 IDFDI 企业产生了负向但并不显著的影响，而对高 IDFDI 企业的影响在 10% 的水平下显著为负，造成这种差异的原因可能在于高 IDFDI 企业受外国直接投资带来的外资注入和对外直接投资带来的技术引进的双重影响下，高技术产品的制造规模更大，面对贸易摩擦的冲击时，高 IDFDI 企业出口受阻利润受损，创新能力和创新热情受挫，从而导致受到的贸易摩擦负面冲击要显著高于低 IDFDI 企业。

（三）分时段分析

在不同时期，贸易摩擦影响双向 FDI 互动发展水平的结构效应可能存在差异。因此，为了考察基本结论在不同时间段的异质性，本章以 2008 年金融危机为界，将样本分为 2003～2008 年和 2009～2020 年两个子样本并分别进行回归，回归结果见表 5－5。

表 5－5　　　　　　　　　　　　分时间段回归

变量	2003～2008 年			2009～2020 年		
	（1）	（2）	（3）	（4）	（5）	（6）
lnIDFDI$_{it-1}$	-0.780 *** (0.075)	-0.712 *** (0.082)	-0.638 *** (0.068)	0.580 * (0.340)	1.261 *** (0.409)	0.504 ** (0.200)
adc$_{it}$	-0.056 *** (0.021)	-0.148 *** (0.048)	-0.084 *** (0.027)	-0.033 * (0.018)	-0.472 *** (0.153)	-0.171 * (0.093)
lnts$_{it}$	-2.410 *** (0.664)			-0.157 * (0.088)		
adc$_{it}$ × lnts$_{it}$	0.047 *** (0.016)			0.096 * (0.049)		
lnls$_{it}$		-0.084 ** (0.037)			-1.767 ** (0.718)	
adc$_{it}$ × lnls$_{it}$		0.035 ** (0.015)			0.106 *** (0.033)	
lnis$_{it}$			-0.095 *** (0.019)			-0.873 ** (0.392)
adc$_{it}$ × lnis$_{it}$			0.026 * (0.014)			0.063 * (0.035)

变量	2003~2008 年			2009~2020 年		
	（1）	（2）	（3）	（4）	（5）	（6）
Control	Yes	Yes	Yes	Yes	Yes	Yes
AR（2）	0.69 (0.491)	−1.58 (0.115)	−1.27 (0.204)	−1.61 (0.107)	−0.05 (0.959)	−1.57 (0.116)
Sargan	12.99 (0.112)	6.58 (0.160)	7.19 (0.303)	7.69 (0.262)	10.13 (0.119)	1.96 (0.580)
Observations	88	88	88	220	220	220
Number of type	22	22	22	22	22	22

注：（ ）中显示的是估计系数的标准误；＊、＊＊和＊＊＊分别表示在 10%、5% 和 1% 显著性水平下显著。

从回归结果来看，在以 2008 年作为间隔年时，无论是在 2008 年之前还是 2008 年之后，贸易摩擦的系数均显著为负，至少通过了 10% 水平下的显著性检验。这就说明，在样本期内结构效应均降低了中国双向 FDI 互动发展水平。且从双向 FDI 互动发展水平的滞后项来看，2008 年之前，滞后一期的双向 FDI 互动发展水平对 IDFDI 的发展有显著的抑制作用，而在 2008 年之后，滞后一期的双向 FDI 互动发展水平显著促进了 IDFDI 的上升。产生这一结果的原因可能在于，一方面，金融危机过后中国制造业迅速把握了发展机遇，在原有的发展基础上，不断扩大对外开放程度，积极吸引外资注入的同时也加大了对外投资规模，一系列举措取得了良好的效果，促进了双向 FDI 互动发展水平。另一方面，北京奥运会的成功举办，提高了中国的国际地位以及中国制造业在世界范围内的知名度，提振了危机过后投资者对中国的发展前景的信心，从而促进了双向 FDI 的互动发展。

三、稳健性检验

为了增强以上实验结果的说服力和可靠性，本节将采用以下两种方法进行稳健性检验，分别是更换解释变量和缩尾处理。

（一）更换解释变量

根据李猛和于津平（2013）的做法，本书选择东道国对中国采取的保护措施数量（sfc_{it}）作为解释变量反倾销（adc_{it}）的替代变量，并分别采用动态面板系统 GMM 和差分 GMM 对模型进行估计回归，结果见表 5 – 6。

表 5 – 6　　　　　　　　　　　　　更换被解释变量

变量	DIF – GMM			SYS – GMM		
	（1）	（2）	（3）	（4）	（5）	（6）
$lnIDFDI_{it-1}$	– 0. 394 （0. 370）	0. 991 ** （0. 389）	0. 382 *** （0. 052）	0. 420 *** （0. 093）	0. 704 ** （0. 335）	0. 600 *** （0. 196）
adc_{it}	– 0. 230 ** （0. 106）	– 0. 680 *** （0. 188）	– 0. 229 *** （0. 076）	0. 480 （0. 324）	– 1. 109 ** （0. 431）	– 0. 139 ** （0. 069）
$lnts_{it}$	– 0. 630 ** （0. 305）			– 1. 070 （1. 031）		
$adc_{it} \times lnts_{it}$	0. 267 （0. 163）			0. 479 * （0. 278）		
$lnls_{it}$		– 0. 694 *** （0. 193）			0. 164 （0. 259）	
$adc_{it} \times lnls_{it}$		0. 197 *** （0. 035）			0. 251 ** （0. 117）	
$lnis_{it}$			– 0. 333 *** （0. 085）			– 0. 425 ** （0. 184）
$adc_{it} \times lnis_{it}$			0. 093 *** （0. 027）			0. 060 *** （0. 022）
Control	Yes	Yes	Yes	Yes	Yes	Yes
_ cons				– 4. 319 （4. 746）	2. 259 （2. 437）	– 3. 993 *** （0. 923）

变量	DIF – GMM			SYS – GMM		
	（1）	（2）	（3）	（4）	（5）	（6）
AR（2）	0.19 (0.847)	－1.24 (0.213)	0.21 (0.832)	0.91 (0.365)	0.58 (0.562)	－0.21 (0.830)
Sargan	10.98 (0.531)	4.37 (0.497)	10.03 (0.527)	0.54 (0.910)	0.55 (0.990)	18.62 (0.232)
Observations	352	352	352	374	374	374
Number of type	22	22	22	22	22	22

注：（ ）中显示的是估计系数的标准误；＊、＊＊和＊＊＊分别表示在 10%、5% 和 1% 显著性水平下显著。

由表 5 - 6 回归结果可以看出，核心解释变量的回归系数至少在 5% 的水平下通过检验，虽然在系数的绝对值大小上有所变动，但其符号与基准回归基本一致，且第（1）列和第（3）列的显著性甚至有所上升，进一步说明了前文实证结果具有较好的稳健性。

（二）缩尾检验

本章在基准回归时考虑了产业结构对贸易摩擦影响双向 FDI 互动发展水平的调节效应，接下来参考解维敏等（2021）采用的方式，以各自的中位数为标准，将技术结构、劳动结构、收入结构划分为高低两组，以此检验产业结构在贸易摩擦影响 IDFDI 时所起的作用，并采用动态面板差分GMM 对模型进行估计，回归结果见表 5 - 7。

表 5 - 7　　　　　　　　　　　　缩尾检验

变量	DIF – GMM			SYS – GMM		
	（1）	（2）	（3）	（4）	（5）	（6）
$lnIDFDI_{it-1}$	0.100 (0.310)	0.737＊＊＊ (0.101)	0.323 (0.379)	－0.210 (0.253)	0.170 (0.261)	－0.248 (0.292)
adc_{it}	－0.087＊ (0.046)	－0.258＊＊＊ (0.053)	－0.345＊＊ (0.139)	－0.042＊＊＊ (0.015)	－0.190＊＊ (0.090)	－0.294＊＊＊ (0.092)

变量	DIF – GMM			SYS – GMM		
	(1)	(2)	(3)	(4)	(5)	(6)
$lnts_{it}$	− 1. 347 *** (0. 441)			0. 360 (0. 456)		
$adc_{it} × lnts_{it}$	0. 235 ** (0. 117)			0. 069 *** (0. 022)		
$lnls_{it}$		− 0. 404 *** (0. 077)			0. 249 (0. 328)	
$adc_{it} × lnls_{it}$		0. 058 *** (0. 012)			0. 038 * (0. 020)	
$lnis_{it}$			− 0. 466 ** (0. 193)			0. 344 (0. 226)
$adc_{it} × lnis_{it}$			0. 104 ** (0. 045)			0. 092 *** (0. 029)
Control	Yes	Yes	Yes	Yes	Yes	Yes
_ cons				− 0. 986 (1. 504)	0. 888 (1. 866)	1. 772 (1. 643)
AR（2）	0. 91 (0. 362)	0. 48 (0. 628)	− 0. 64 (0. 521)	− 0. 06 (0. 953)	1. 36 (0. 175)	0. 95 (0. 340)
Sargan	0. 92 (0. 922)	19. 24 (0. 507)	2. 81 (0. 422)	9. 77 (0. 202)	10. 02 (0. 439)	2. 93 (0. 712)
Observations	352	352	352	374	374	374
Number of type	22	22	22	22	22	22

注：（ ）中显示的是估计系数的标准误；＊、＊＊和＊＊＊分别表示在 10%、5% 和 1% 显著性水平下显著。

由表 5 - 7 的回归结果可知，在进行缩尾检验后，核心解释变量的回归系数为负且均至少在 10% 的水平下显著。虽然回归系数的绝对值大小发生些许变动，但其符号与基准回归一致，进一步说明了前文实验结果具有较好的稳健性。

第五节　本章小结

本章利用剔除相关行业后整理出的中国 22 个制造业行业在 2003 ~ 2020 年的面板数据，对贸易摩擦影响中国双向 FDI 互动发展的结构效应进行了实证分析，并在异质性检验中对不同产业结构水平、IDFDI 水平以及时间区间通过结构效应影响双向 FDI 互动发展这一现象进行了分析，并且通过对主要变量的替换以及缩尾检验，对上述实验结果进行了稳健性分析，得出主要结论如下：（1）贸易摩擦会显著抑制双向 FDI 互动发展。（2）产业结构高度化水平会显著抑制双向 FDI 互动发展，且这种负面影响对于高劳动力结构和高收入结构的企业而言更为显著。（3）贸易摩擦会通过倒逼产业结构高度化水平的提高进而促进 IDFDI 的发展。此外，双向 FDI 互动发展还受到制造业行业的经济发展水平、所有权结构、工资水平等因素的影响。

第六章

贸易摩擦影响中国双向 FDI 互动发展的技术效应分析

第一节　问题提出

由于技术效应也是贸易摩擦影响双向 FDI 互动发展的重要因素之一，因此本章将系统考察贸易摩擦通过影响技术，进而影响双向 FDI 互动发展的效应，以期为中国从技术层面制定应对贸易摩擦，促进双向 FDI 互动发展奠定基础。事实上，从中国的现实发展情况来看，技术进步一直是中国经济发展的重要主题之一，2020 年 10 月，党的十九届五中全会要求，到 2035 年时我国的关键核心技术要实现重大突破，进入创新型国家前列。2021 年 3 月，李克强总理代表国务院在十三届全国人大四次会议上作的《政府工作报告》中提出，"坚持创新在我国现代化建设全局中的核心地位，把科技自立自强作为国家发展的战略支撑，促进科技开放合作"。2021 年 11 月，党的第十九届六中全会提出要推动高质量发展，推进科技自立自强。2022 年 10 月，党的二十大提出要把突破关键核心技术作为当务之急，尽快改变关键领域受制于人的局面。近年来，中国所面临的贸易摩擦主要集中在制造业方面，其中先进制造业更是中国与其他国家贸易摩擦的重点领域。2010 年 6 月 30 日，欧委会对中国数据卡发起反倾销和保障措施调查。同年 9 月 16 日，欧委会又对该产品发起反补贴调查。这是迄今中国遭遇涉案金额最大的贸易救济调查，涉及中国企业出口额约 41 亿美元。2018 年 3 月，美国发布《301 调查报告》，拟对超过 600 亿美元的中国进口商品征收惩罚性关税，涉及电子、信息、通信、航空和生物医药等高科技领域。已有研究表明，贸易摩擦会对技术创新产生影响。同时已有研究也表明，贸易摩擦会对我国的技术进步产生影响，但不同的学者对其两者之间的关系持有不同的观点。有些学者认为，贸易摩擦会促进技术创新。高和宫城（Gao and Miyagiwa，2005）发现，反倾销能促使企业加大力度发展技术创新和研究，推动企业创新能力的提升。黄新飞等（2022）发现，出口税上升会降低产品需求和价格，进而"倒逼"企业增加创新投入。杨文豪等（2022）发现，企业遭遇反倾销贸易措施促进了企业创新绩效的提升。也有学者认为，贸易摩擦会抑制技术进步。李双杰等（2020）发现，反倾销会通过融资约束来抑制企业创新，并且这种抑制作用对出口企业的负面影响更大。杨飞（2021）基于实证模型研究，得出美国对华加征关税是通过价格效应抑制高技术创新，通过市场规模效应和市场竞争效应促进高技术创新。贸易摩擦与技术进步的关系虽然不确定，但毫无疑问，贸易摩擦对技术进步产生了重要的影响。技术进步路径是中国双向投资的重要影响因素之一，并且技术进步路径可以分解为技术模仿、技术引进、技术创新（黄凌云等，2018）。一些学者也得到了类似的结论。贾军（2015）发现，加强本土企业绿色技术创新是提升 IFDI 绿色质量的重要因素。李洪亚等（2016）发现，技术进步能够促进 OFDI 的快速扩张。蒋冠宏和蒋殿春（2017）发现，具有可转移属性的创新优势将会影响 OFDI。黄凌云等（2018）发现，技术引进、模仿创新和自主研发这三种技术进步路径直接抑制了中国双向外商直接投资的互动发展水平。叶君（2022）发现，技术创新水平越高的企业对外直接投资和对发达国家逆向投资的可能性越高。由此可见，贸易摩擦不仅会通过技术进步路径影响 IFDI 和 OFDI 的发展，而且会通过技术进步路径影响双向 FDI 的互动发展水平。因此，本章从技术进步路径的角度出发，研究技术进步路径如何受到贸易摩擦的影响，及如何进一步影响中国双向 FDI 互动发展。

第二节　理论机制

由于我国缺乏高新技术核心科技，可以利用 IFDI 的技术溢出效应以及 OFDI 的逆向技术溢出效应来改变这一现状，但在这一过程中会始终伴随贸易摩擦所带来的技术路径选择问题。

从技术路径选择角度来看，在多种因素的影响下，技术路径的选择是可变的。金姆和英克彭（Kim and Inkpen，2005）提出，国家间技术差距的扩大主要是由于要素禀赋差异通过技术引进和模仿创新所导致的。刘东东等（2017）指出，引致技术进步路径选择的多样性的重要因素是区域发展的不平衡性以及行业的异质性。黄凌云等（2018）认为，在适宜的技术进步路径的基础上，充分利用 IFDI 技术溢出效应提升吸收外资能力，以及充分利用 OFDI 逆向技术溢出效应提升对外投资能力，对双向 FDI 互动发展产生正向促进作用；反之，则产生负向抑制作用。

从双向 FDI 互动发展角度来看，外商直接投资在充分发挥技术溢出效应以及示范效应的基础上，国内企业也在这些效应发挥的过程中吸收了大量的先进技术。付国梅和唐加福（2022）提出，对外直接投资能够发挥逆向技术溢出效应使本国企业在与国外企业交流合作或者生产过程中汲取到先进技术。由此可见，双向 FDI 的发展过程最终会产生技术流入，反之，获取先进技术资源也是双向 FDI 发展的目标之一，那么技术路径选择势必会影响双向 FDI 发展水平。具体情况如下。

一、贸易摩擦、技术引进影响中国制造业双向 FDI 互动发展的机制

首先，贸易摩擦通过技术引进会抑制中国制造业双向 FDI 互动发展。

在技术层面上，贸易摩擦最直接的影响是对我国引进国外先进技术的限制增加，这是大多外商基于自身利益最大化的前提，考虑到贸易摩擦对我国的长期盈利带来了更多的风险，我国外商直接投资相比于其他未受到贸易摩擦的国家来说，优势被明显削减，所以我国外资流入的规模增势疲乏（李妍和张霖东，2020）。IFDI 增长动力不足，无法带动 OFDI 发展，OFDI 规模缩减。此时，IFDI 与 OFDI 规模同步减少，双向 FDI 互动发展水平下降。

其次，贸易摩擦通过技术引进会促进中国制造业双向 FDI 互动发展。对于贸易摩擦所带来的获取技术路径限制增加，由于技术势差原理，我国会更容易从技术创新水平差距较小的创新源国家中获得先进技术，因此我国会把 OFDI 投向技术差距相对较小的引资国家，通过产业转移，实现国外技术资源共享，之后充分利用后发优势来实现技术赶超，以进一步增强我国引入 IFDI 的能力。此时，IFDI 与 OFDI 规模同步扩大，双向 FDI 互动发展水平提升。

综上，根据中国现实情况，贸易摩擦致使我国技术引进减少，制造业无法形成自身竞争优势，发展目标将转向与国外资源交流共享，以此来打通技术引进限制，利用 OFDI 带动 IFDI 发展（如图 6 - 1 所示）。据此本书提出假设 6.1：贸易摩擦会通过技术进步路径中的技术引进促进我国双向 FDI 互动发展水平。

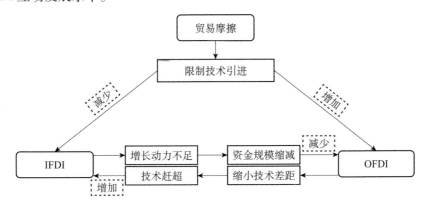

图 6 - 1　贸易摩擦、技术引进和双向 FDI 机制传导图

二、贸易摩擦、技术模仿影响中国制造业双向 FDI 互动发展的机制

首先，贸易摩擦通过技术模仿会抑制中国制造业双向 FDI 互动发展。技术模仿是实现技术创新的"最后一步"，贸易摩擦的产生势必会约束技术模仿，减少我国接触先进技术的机会，并且由于我国劳动力成本优势逐渐消失，因此 IFDI 规模逐渐缩小，IFDI 的示范模仿效应与产业关联效应得不到完全施展，学习和借鉴投资国的经验、技术机会较少，无法形成自身的比较优势，导致 OFDI 规模下降。此时，IFDI 与 OFDI 规模同步减少，双向 FDI 互动发展水平下降。

其次，贸易摩擦通过技术模仿会促进中国制造业双向 FDI 互动发展。贸易摩擦造成的技术压力是巨大的，突破技术瓶颈迫在眉睫。这时 OFDI 的逆向技术溢出效应开始发挥作用，通过在国外投资设厂，充分利用东道国本地资源以实现本国的技术积累以及资源共享，例如，与国内同类行业或者上下游行业进行接触，可以通过沟通联系或者产品使用等途径，对模仿到的知识或者技术加以运用改造，使国内外公司对于同类行业形成及竞争关系来提高中国国际竞争力，为我国引入 IFDI 提供更多选择性，从"被动选择"转向"主动提质"。此时，IFDI 与 OFDI 规模同步扩大，双向 FDI 互动发展水平提升。

综上，根据中国现实情况，贸易摩擦会约束我国技术模仿，制造业突破技术瓶颈压力较大，为了增加技术模仿的机会，制造业企业会发挥 OFDI 的逆向技术溢出效应与国外相关制造业企业进行"切磋"交流，以此来提高竞争优势（如图 6-2 所示）。据此本书提出假设 6.2：贸易摩擦会通过技术进步路径中的技术模仿促进我国双向 FDI 互动发展水平。

三、贸易摩擦、技术创造影响中国制造业双向 FDI 互动发展的机制

首先，贸易摩擦通过技术创造会抑制中国制造业双向 FDI 互动发展。

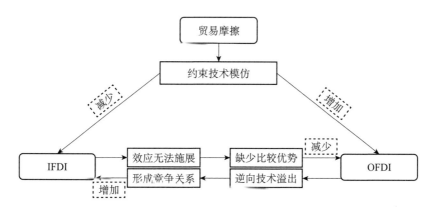

图 6 - 2　贸易摩擦、技术模仿和双向 FDI 机制传导图

贸易摩擦的产生限制了技术引进，约束了技术模仿，进而会放缓行业进行技术创新的进程，发达国家为了巩固自身技术竞争优势，会减少对我国的投资，这时中外合资企业也会受到政策问题影响，企业生产效率得不到提高，对我国经济发展水平也会造成一定影响，这时 OFDI 因缺少资金无法扩大规模。此时，IFDI 与 OFDI 规模同步减少，双向 FDI 互动发展水平下降。

其次，贸易摩擦通过技术创造会促进中国制造业双向 FDI 互动发展。贸易摩擦导致国内技术创新进程放缓，加重产业转型升级难度，为了尽快解决这一问题，中国会重新考量 OFDI 投向地区和资本配置问题，将国内处于比较劣势的产业通过 OFDI 实现产业转移，把节省下来的开支用于更具有技术含量的高新产业，以便于日后的技术创新，这样既缓解国内生产压力，也可以与国外资源相融合来增强企业能力，实现资源与能力兼得，为之后引入 IFDI 提供了坚实的现实保障。此时，IFDI 与 OFDI 规模同步扩大，双向 FDI 互动发展水平提升。

综上，根据中国现实情况，贸易摩擦会放缓我国技术创新的进度，高新制造业企业转型升级难度较大，为了解除这一束缚，制造业会通过产业转移，将资金合理配置在技术创新投入当中，扩大高新制造业规模，以增强对 IFDI 的吸引力度，并尽可能削弱贸易摩擦对我国技术创新带来的负面影响（如图 6 - 3 所示）。据此本书提出假设 6.3：贸易摩擦会通过技术进步路径中的技术创新促进我国双向 FDI 互动发展水平。

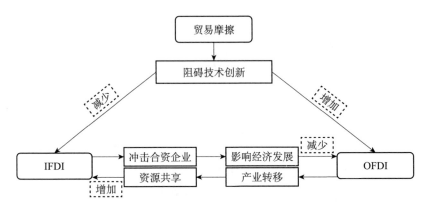

图 6-3　贸易摩擦、技术创新和双向 FDI 机制传导图

第三节　模型设定与数据说明

一、模型设定

为了考察贸易摩擦对双向 FDI 互动发展的影响，本书根据理论梳理部分进行实证检验。计量模型设定如下：

$$\ln\mathrm{IDFDI}_{it} = \delta_0 + \delta_1 \ln\mathrm{IDFDI}_{i,t-1} + \delta_2 \mathrm{adc}_{it} + \delta_3 \,(\mathrm{adc}_{it} \times \ln\mathrm{TI}_{it}) \,+$$
$$\delta_4 \ln\mathrm{TI} + \delta_5 X_{it} + \varepsilon_{it} \qquad (6-1)$$

$$\ln\mathrm{IDFDI}_{it} = \delta_0 + \delta_1 \ln\mathrm{IDFDI}_{i,t-1} + \delta_2 \mathrm{adc}_{it} + \delta_3 \,(\mathrm{adc}_{it} \times \ln\mathrm{II}_{it}) \,+$$
$$\delta_4 \ln\mathrm{II} + \delta_5 X_{it} + \varepsilon_{it} \qquad (6-2)$$

$$\ln\mathrm{IDFDI}_{it} = \delta_0 + \delta_1 \ln\mathrm{IDFDI}_{i,t-1} + \delta_2 \mathrm{adc}_{it} + \delta_3 \,(\mathrm{adc}_{it} \times \ln\mathrm{RD}_{it}) \,+$$
$$\delta_4 \ln\mathrm{RD} + \delta_5 X_{it} + \varepsilon_{it} \qquad (6-3)$$

式（6-1）表示贸易摩擦通过技术引进对双向 FDI 互动发展的影响。式（6-2）表示贸易摩擦通过技术模仿对双向 FDI 互动发展的影响。式（6-3）表示贸易摩擦通过技术创新对双向 FDI 互动发展的影响。

式中，$\ln\mathrm{IDFDI}_{it}$ 表示 i 行业在 t 时期的中国双向 FDI 的互动发展水平，adc_{it} 表示 i 行业在 t 时期的反倾销数量，$\mathrm{adc}_{it} \times \ln\mathrm{TI}_{it}$ 表示贸易摩擦技术进步

路径中的技术引进对双向 FDI 互动发展水平的影响。$adc_{it} \times lnII_{it}$ 表示贸易摩擦技术进步路径中的技术模仿对双向 FDI 互动发展水平的影响。$adc_{it} \times lnRD_{it}$ 表示贸易摩擦技术进步路径中的技术创新对双向 FDI 互动发展水平的影响。

X_{it} 表示一系列的控制变量，主要包括可能会影响中国各行业层面的因素，即行业所有制结构 OS（％），制度质量 I（％），人均固定资本 KL（万元/人），工资水平 W（元），贸易开放程度 TR（％）。δ 为待估系数，ε_{it} 表示随机扰动项。

二、数据说明

（一）行业选取

本章主要是对贸易摩擦通过技术效应路径对中国双向 FDI 互动发展造成的影响进行实证分析。本书实证研究的样本为中国制造业 22 个行业 2003～2020 年的面板数据。为了保证原始数据统计口径的一致性，我们的样本企业选定为制造业行业的全部国有及规模以上非国有工业企业，并剔除纺织服装、服饰业，印刷和记录媒介复制业，文教、工美、体育和娱乐用品制造业，化学纤维制造业和其他制造业，将行业数目调整为 22 个。

（二）技术效应测度

本章将贸易摩擦所引发的技术效应分解技术引进、技术模仿和技术创新三种，使用技术引进经费支出、技术改造经费支出、研究与发展经费内部支出占主营业务收入的比重来衡量技术引进、技术模仿和技术创新，数据来源于《中国科技统计年鉴》和中华人民共和国国家统计局。

数据的描述性统计见表 6－1。

表 6－1　　　　　　　　　　描述性统计

变量	变量说明	样本量	均值	标准差	最小值	最大值
adc_{it}	反倾销案件（个）	396	2.755	4.079	0	24

续表

变量	变量说明	样本量	均值	标准差	最小值	最大值
sfc_{it}	保障措施案件（个）	396	0.682	1.325	0	8
$\ln IDFDI_{it}$	双向直接投资（亿元）	396	1.787	0.636	0.188	3.160
$\ln TI_{it}$	技术引进（万元）	396	10.798	1.843	2.313	14.888
$\ln II_{it}$	技术模仿（万元）	396	13.448	1.331	9.396	16.419
$\ln RD_{it}$	技术创新（万元）	396	14.128	1.482	8.708	17.199

第四节　实证分析

一、全样本分析

考虑到实证研究过程中可能存在内生性问题，本节采用系统 GMM 对模型进行检验，分别加入控制变量与不加入控制变量进行回归形成对比，见表 6-2。其中，第（1）~（3）列表示不加控制变量的回归结果，第（4）~（6）列表示加入控制变量的回归结果。

表 6-2　　　　　　　　　　　　　　　　基本回归

变量	技术引进	技术模仿	技术创新	技术引进	技术模仿	技术创新
	（1）	（2）	（3）	（4）	（5）	（6）
$\ln IDFDI_{i,t-1}$	1.322 **	0.711 ***	0.684 ***	-0.067	-0.057	-0.110
	(0.664)	(0.115)	(0.0832)	(0.096)	(0.062)	(0.153)
adc_{it}	-1.497 *	-2.257 ***	-1.821 ***	-0.460 ***	-0.687 ***	-1.001 ***
	(0.806)	(0.563)	(0.479)	(0.118)	(0.103)	(0.170)
$\ln TI_{it}$	-0.666 ***			-0.223 ***		
	(0.218)			(0.041)		
$\ln II_{it}$		-0.999 ***			-0.516 ***	
		(0.210)			(0.054)	

续表

变量	技术引进	技术模仿	技术创新	技术引进	技术模仿	技术创新
	（1）	（2）	（3）	（4）	（5）	（6）
$lnRD_{it}$			-0.269 *** （0.0543）			-0.638 *** （0.138）
$adc_{it} \times lnTI_{it}$	0.152 ** （0.0690）			0.048 *** （0.012）		
$adc_{it} \times lnII_{it}$		0.149 *** （0.0391）			0.047 *** （0.007）	
$adc_{it} \times lnRD_{it}$			0.114 *** （0.0301）			0.062 *** （0.011）
$lnOS_{it}$				0.063 ** （0.025）	0.056 * （0.033）	0.130 * （0.074）
lnI_{it}				0.139 *** （0.034）	0.215 *** （0.031）	0.495 *** （0.081）
$lnKL_{it}$				-0.512 *** （0.098）	-0.035 （0.065）	-0.176 * （0.106）
lnW_{it}				0.580 *** （0.131）	0.401 *** （0.069）	1.184 *** （0.141）
$lnTR_{it}$				0.422 *** （0.067）	0.449 *** （0.070）	0.613 *** （0.108）
Constant	5.927 ** （2.414）	14.54 *** （2.932）	4.806 *** （0.797）	-1.995 * （1.061）	3.014 *** （0.988）	-3.631 * （2.001）
AR（2）	1.38 ［0.168］	0.37 ［0.709］	1.19 ［0.236］	1.21 ［0.225］	0.74 ［0.456］	-0.04 ［0.971］
sargan	4.36 ［0.225］	4.26 ［0.513］	11.61 ［0.114］	9.74 ［0.554］	22.47 ［0.129］	15.37 ［0.285］
Number of industry	22	22	22	22	22	22
N	374	374	374	374	374	374

注：（ ）中显示的是估计系数的标准误，［ ］中显示的是统计量的 P 值；*、**和***分别表示在 10%、5% 和 1% 显著性水平下显著。

首先，从贸易摩擦对双向 FDI 互动发展水平的影响来看，贸易摩擦 adc_{it} 会显著降低行业双向 FDI 互动发展程度，中国制造业行业贸易摩擦 adc_{it} 每增加 1%，就会导致双向 FDI 降低 0.460~2.257 个百分点，说明样本期间制造业行业遭受贸易摩擦不利于行业双向 FDI 的互动发展。究其原因，有可能是贸易摩擦会导致我国 IFDI 减少，IFDI 增长动力变小，导致资金规模下降，OFDI 随之下降。

其次，从贸易摩擦技术进步路径来看，贸易摩擦与技术引进、技术模仿、技术创新的交互项对双向 FDI 互动水平是呈现提升态势的，且都通过了显著性检验，可以说明贸易摩擦通过技术进步路径促进了双向 FDI 互动发展水平。其原因在于，贸易摩擦的产生是因为各国家之间技术差距逐渐缩小，选取贸易保护措施以巩固自身的市场竞争力，所以贸易摩擦发生时，技术引进、技术模仿以及技术创新受到束缚较多。当技术引进和技术模仿受限导致技术创新进程较慢时，我国就会积极寻找技术差距相对较小的国家进行投资来弥补我国科技市场空白，即 OFDI 开始增加。OFDI 所带来的技术资源以及规模扩大会吸引 IFDI 增加，两者同步增加，即促进了行业双向 FDI 互动发展程度。假设 6.1、假设 6.2 和假设 6.3 成立。

最后，从其他控制变量来看：（1）技术引进、技术模仿和技术创新的估计系数都显著为负，说明技术引进、技术模仿和技术创新对双向 FDI 互动发展水平均存在负向影响。这是由于技术引进经费支出、技术改造经费支出、研究与发展经费内部支出与 OFDI 之间可能存在替代效应。（2）行业所有制结构（OS）上升促进了 $lnIDFDI_{it}$，$lnOS_{it}$ 每提升 1 个百分点，$lnIDFDI_{it}$ 提升 0.056~0.130 个百分点，且至少在 5% 的水平下通过了检验，表明所有权结构越高，行业的国有资本参与程度越大，越有利于双向 FDI 的互动发展水平的提升。其原因可能是，相较于集体企业和私营企业存在广泛的融资约束，国有企业则不存在（Cull and Xu，2003），因此，国有企业在激烈的市场竞争中有充足的资金进行对外投资活动。国有企业的 OFDI 的增加促进 IFDI 的增加，进而促进了其双向 FDI 互动发展水平的提升。（3）工资水平（W）的上升促进了 $lnIDFDI_{it}$，lnW_{it} 每提升 1 个百分点，$lnIDFDI_{it}$ 提升 0.401~1.184 个百分点，且至少在 1% 的水平下通过了检验，说明工资水平高的行业，其更有利于双向 FDI 的互动发展水平。究其原因是，工资水平（W）越高，越容易促使那些无力承担高额劳动力成本的企业"走出去"。企业的 OFDI 增加，促进 IFDI 增加，进而促进了双向 FDI 的互动发展水平。（4）人均资本存量（KL）上升会显著提高 lnIDFDI$_{it}$，表明资本的积累能够提升双向 FDI 互动发展水平。资本的积累有助于中国充分发挥 IFDI 技术溢出效应和 OFDI 逆向技术溢出效应，提升双向 FDI 耦合协调度，从而促进双向 FDI 互动发展。（5）制度质量（I）升高提升了 lnIDFDI$_{it}$，表明制度质量影响中国对外直接投资和外商直接投资政策的实施效果。究其原因是，制度质量和外商直接投资之间存在积极互动关系，良好的制度质量有利于吸收外资。IFDI 的增加促进 OFDI 的增加，进而提升了双向 FDI 互动发展水平。（6）贸易开放程度（TR）上升会促进 lnIDFDI$_{it}$，究其原因是，贸易开放程度会影响跨境投资者的心理预期。贸易开放程度的提高有利于促进 IFDI 和 OFDI 规模，进而提升双向 FDI 互动发展水平。

二、异质性分析

（一）技术进步路径选择的异质性

本书基于中国制造业技术进步路径选择的异质性考量，按历年制造业 22 个行业分为技术引进（TI）程度高的行业[1]、技术引进（TI）程度低的行业[2]、技术模仿（II）程度高的行业[3]、技术模仿（II）程度低的行业[4]、技术创新（RD）程度高的行业[5]以及技术创新（RD）程度低的行业[6]，具体回归结果见表 6 - 3。

---

[1] TI 程度高的行业：8、9、10、11、14、15、17、18、19、20、21。
[2] TI 程度低的行业：1、2、3、4、5、6、7、12、13、16、22。
[3] II 程度高的行业：1、9、10、13、14、15、17、18、19、20、21。
[4] II 程度低的行业：2、3、4、5、6、7、8、11、12、16、22。
[5] RD 程度高的行业：1、10、11、12、14、15、17、18、19、20、21。
[6] RD 程度低的行业：2、3、4、5、6、7、8、9、13、16、22。

表 6 - 3 技术路径选择的回归结果

变量	TI 高 (1)	TI 低 (2)	II 高 (3)	II 低 (4)	RD 高 (5)	RD 低 (6)
$\ln IDFDI_{i,t-1}$	-0.788*** (0.206)	-0.674 (0.680)	-2.186 (2.001)	0.950** (0.459)	-0.128 (0.281)	-2.265** (1.087)
adc_{it}	-0.570*** (0.157)	0.350*** (0.132)	-2.911*** (1.012)	1.052* (0.636)	-1.495*** (0.367)	2.164** (0.977)
$\ln TI_{it}$	-0.513*** (0.151)	-0.168* (0.096)				
$\ln II_{it}$			-4.194** (1.795)	0.439* (0.257)		
$\ln RD_{it}$					0.195 (0.271)	1.590** (0.672)
$adc_{it} \times \ln TI_{it}$	0.058*** (0.015)	-0.022** (0.008)				
$adc_{it} \times \ln II_{it}$			0.186*** (0.065)	-0.089* (0.051)		
$adc_{it} \times \ln RD_{it}$					0.093*** (0.023)	-0.158** (0.069)
$\ln OS_{it}$	-0.177 (0.144)	-0.055 (0.047)	0.297 (0.315)	-0.141*** (0.049)	0.007 (0.101)	-0.557** (0.232)
$\ln I_{it}$	-0.093 (0.473)	0.193* (0.111)	2.263** (1.062)	0.045 (0.058)	-0.670*** (0.222)	-0.028 (0.128)
$\ln KL_{it}$	-1.801** (0.808)	-0.295 (0.255)	2.201** (1.033)	-0.177 (0.210)	-1.212*** (0.312)	-1.297*** (0.462)
$\ln W_{it}$	1.432*** (0.315)	0.699 (0.547)	1.636 (1.053)	0.231 (0.236)	0.122 (0.174)	0.873*** (0.338)
$\ln TR_{it}$	0.454*** (0.083)	0.874*** (0.311)	0.465 (0.415)	0.129 (0.227)	0.376*** (0.133)	1.224*** (0.399)
Constant	-0.803 (2.810)	-4.400 (4.902)	34.51** (15.130)	-7.224* (4.273)	2.698 (2.941)	-22.450*** (8.210)

续表

变量	TI 高	TI 低	II 高	II 低	RD 高	RD 低
	(1)	(2)	(3)	(4)	(5)	(6)
AR (2)	0.15 [0.880]	−0.50 [0.618]	0.17 [0.864]	0.93 [0.353]	1.36 [0.174]	−0.86 [0.388]
sargan	10.38 [0.168]	5.73 [0.333]	6.17 [0.290]	12.39 [0.135]	7.18 [0.208]	6.37 [0.384]
Number of industry	11	11	11	11	11	11
N	187	187	187	187	187	187

注: ( ) 中显示的是估计系数的标准误, [ ] 中显示的是统计量的 P 值; *、**和***分别表示在 10%、5%和 1%显著性水平下显著。

从技术进步路径选择的回归结果来看,可以得出以下结论。

第一,贸易摩擦对技术引进程度高的行业的双向 FDI 互动发展有抑制作用,而对技术引进程度低的行业的双向 FDI 互动发展有促进作用,其原因是,技术引进较多的行业大多是需要转型升级的制造业企业,如果转型升级成功,行业竞争力会直线上升,这对于掌握核心技术的发达国家来说具有一定的危机感。当贸易摩擦产生时,发达国家为了不让技术外流会减少对中国的投资,我国 OFDI 会因获取核心技术的迫切性而增加,即 IFDI 减少,OFDI 增加,双向 FDI 无法互动发展。对于技术引进程度低的行业来说,可能是由于其转型升级不存在急迫性,所以贸易摩擦的对象暂时不会转向这些行业,IFDI 不受影响,当 IFDI 保持流入状态,技术引进程度低的行业规模会逐渐扩大,这时可以通过产业转移到国外以缓解生产压力,并且可以获取国外资源共享,促进这些行业继续发展。所以 OFDI 增加,双向 FDI 将实现互动发展。

第二,贸易摩擦对技术模仿程度高的行业的双向 FDI 互动发展同样具有抑制作用,而对技术模仿程度低的行业的双向 FDI 互动发展水平具有提升作用。这是因为技术模仿是进行技术创新的最直观的方法,离技术创新仅有“一步之遥”,所以与技术创新情况相似。当贸易摩擦产生时,技术引进减少进而导致技术模仿逐渐消失，技术模仿程度高的行业获得的IFDI减少，行业会将目光转向 OFDI 的逆技术溢出效应，通过加大 OFDI，使技术人员流动来获取技术，这时双向 FDI 失调。对于技术模仿程度低的行业来说，由于没有技术支撑，其生产成本较低，将吸引大量 IFDI 流入，行业 OFDI 能力也得到了增强，双向 FDI 互动发展水平上升。

第三，贸易摩擦对技术创新程度高的行业的双向 FDI 互动发展有着显著的阻碍作用，而对于技术创新程度低的行业的双向 FDI 互动发展则有着显著的提升作用。其原因是，技术创新程度高的行业一般是高新技术行业，高新技术行业作为贸易摩擦的重要对象目标，贸易限制肯定会对这些行业带来一定冲击，最直接的表现是 IFDI 大量减少，生产成本的增加使得行业会进行产业转移，这样做的好处在于，其一生产压力得到释放，成本问题得到缓解；其二是可以获取国外先进技术，进而通过技术反馈机制实现我国技术的赶超。所以 OFDI 不断增加，此时 IFDI 与 OFDI 差距过大，双向 FDI 互动发展水平较低。技术创新程度较低的行业在行业竞争力方面优势较小，因此国际贸易比重较小，受贸易摩擦影响程度也较小，其 IFDI 规模变化不大，相应的 OFDI 规模也不会因为贸易受限产生巨大波动，所以双向 FDI 互动发展水平上升。

第四，贸易摩擦通过技术进步路径对技术引进、技术模仿以及技术创新程度高的行业的双向 FDI 互动发展水平是具有提升作用的，而对技术引进、技术模仿以及技术创新程度低的行业的双向 FDI 互动发展水平是具有削弱作用的。究其原因在于，一方面，由于贸易摩擦直接减少了我国技术引进和技术模仿的机会，技术创新发展较缓慢，因此，我国会加大 OFDI来寻找技术突破路径，这时可通过 OFDI 逆技术溢出效应实现技术突破，增强国际竞争力以达到"反哺"我国 IFDI 的目标，双向 FDI 最终可以实现互动发展。另一方面，技术引进、技术模仿以及技术创新程度低的行业在国际市场中不具备竞争优势，导致这些行业吸引 IFDI 能力较为薄弱，IFDI 将不断减少，行业危机感加重，因此，行业会大力投入 OFDI 以寻求技术突破，此时 IFDI 与 OFDI 规模将会失调，双向 FDI 则无法实现互动发展。

（二）双向 FDI 互动发展程度的异质性

本书基于双向 FDI 互动发展程度高低的考量，将制造业 22 个行业按双向 FDI 互动发展程度分为双向 FDI 互动发展程度高的行业①和双向 FDI 互动发展程度低的行业②，具体回归结果见表 6 – 4。

表 6 – 4　　　　　　　　　基于双向 FDI 发展水平的异质性检验

变量	技术引进		技术模仿		技术创新	
	低	高	低	高	低	高
	（1）	（2）	（3）	（4）	（5）	（6）
$lnIDFDI_{i,t-1}$	– 1. 285 * (0. 744)	– 0. 046 (0. 167)	– 0. 879 *** (0. 286)	– 0. 147 (0. 168)	– 0. 039 (0. 247)	– 0. 068 (0. 493)
adc_{it}	2. 662 ** (1. 221)	– 0. 230 ** (0. 101)	2. 558 * (1. 513)	– 0. 372 ** (0. 156)	0. 554 * (0. 315)	– 0. 379 *** (0. 123)
$lnTI_{it}$	0. 150 (0. 166)	– 0. 166 ** (0. 084)				
$lnII_{it}$			0. 536 (0. 525)	– 0. 145 (0. 216)		
$lnRD_{it}$					0. 331 * (0. 182)	– 0. 251 (0. 249)
$adc_{it} \times lnTI_{it}$	– 0. 240 ** (0. 110)	0. 022 ** (0. 010)				
$adc_{it} \times lnII_{it}$			– 0. 169 * (0. 101)	0. 026 ** (0. 011)		
$adc_{it} \times lnRD_{it}$					– 0. 035 * (0. 021)	0. 027 *** (0. 007)
$lnOS_{it}$	– 1. 132 ** (0. 470)	– 0. 163 (0. 140)	0. 007 (0. 083)	– 0. 099 (0. 108)	– 0. 062 (0. 096)	0. 059 (0. 423)

---

① 双向 FDI 互动发展水平高的行业：1、4、6、7、9、10、16、17、20、21、22。
② 双向 FDI 互动发展水平低的行业：2、3、5、8、11、12、13、14、15、18、19。

变量	技术引进		技术模仿		技术创新	
	低	高	低	高	低	高
	（1）	（2）	（3）	（4）	（5）	（6）
lnI_{it}	0.476 ** (0.201)	-1.200 (0.831)	0.301 *** (0.056)	0.198 (0.500)	-0.021 (0.060)	0.045 (0.094)
$lnKL_{it}$	3.118 ** (1.383)	-0.561 * (0.324)	-0.717 * (0.412)	-0.192 (0.168)	-0.260 (0.174)	-0.835 (0.521)
lnW_{it}	-0.788 (0.551)	0.076 (0.296)	1.836 ** (0.838)	0.872 *** (0.329)	0.228 * (0.132)	0.962 ** (0.421)
$lnTR_{it}$	0.734 *** (0.256)	0.372 ** (0.156)	0.301 (0.359)	0.135 (0.107)	0.223 ** (0.097)	0.225 (0.215)
Constant	0.059 (4.675)	7.143 (5.608)	-23.390 * (14.030)	-4.921 (6.826)	-5.086 *** (1.567)	-2.721 * (1.555)
AR（2）	-1.35 [0.178]	1.41 [0.158]	-0.45 [0.651]	0.62 [0.535]	1.17 [0.240]	0.36 [0.716]
sargan	8.39 [0.591]	12.21 [0.663]	5.30 [0.380]	13.03 [0.446]	8.44 [0.750]	3.96 [0.784]
Number of industry	11	11	11	11	11	11
N	187	187	187	187	187	187

注：（ ）中显示的是估计系数的标准误，[ ] 中显示的是统计量的 P 值；＊、＊＊和＊＊＊分别表示在10%、5%和1%显著性水平下显著。

从表6-4的结果来看，贸易摩擦对双向 FDI 互动发展的影响以及贸易摩擦的技术进步路径对双向 FDI 互动发展的影响也存在显著差异。

第一，贸易摩擦显著抑制了双向 FDI 互动发展水平高的行业的发展，但是显著促进了双向 FDI 互动发展水平低的行业的发展。其原因可能是，双向 FDI 互动发展水平高的行业，其本身参与国际贸易程度更深，受贸易摩擦影响更大，当该行业遭受贸易摩擦时，其对外直接投资和外商直接投资受到的阻碍更大，进而抑制其双向 FDI 互动发展水平。而双向 FDI 互动发展水平低的行业，其本身 IFDI 和 OFDI 较小，受贸易摩擦影响较小，部分外商资本从双向 FDI 互动发展水平高的行业流向双向 FDI 互动发展水平低的行业，促进了该行业 IFDI 的发展。IFDI 的增加，促进了 OFDI 的增加，进而促进了该行业双向 FDI 互动发展水平。

第二，贸易摩擦的技术进步路径显著抑制了双向 FDI 互动发展水平低的行业的发展，而显著促进了双向 FDI 互动发展水平高的行业的发展。究其原因可能是，双向 FDI 互动发展水平低的行业受贸易摩擦较小，缺乏技术进步的动力和资金，不愿意进行对外投资活动，进而抑制了其双向 FDI 发展水平；而双向 FDI 互动发展水平高的行业参与国际贸易程度更深，面临的市场环境更加恶劣，对先进技术有着更高的需求，当贸易摩擦抑制了其技术进步时，这类行业更乐于进行对外直接投资，进而提升其技术水平，技术水平提升吸引更多的外资流入，最终提升该行业双向 FDI 的互动发展水平。

（三）不同发展阶段的异质性

为了进一步考察不同发展阶段中贸易摩擦对制造业行业双向 FDI 互动发展的影响是否存在异质性，本书以 2008 年为界进行分组，系统分析了制造业贸易摩擦对双向 FDI 互动发展水平的影响，见表 6 - 5。

表 6 - 5　　　　　　　　　　　　不同发展阶段的异质性

变量	2003 ~ 2008 年			2009 ~ 2020 年		
	技术引进	技术模仿	技术创新	技术引进	技术模仿	技术创新
	（1）	（2）	（3）	（4）	（5）	（6）
$lnIDFDI_{i,t-1}$	- 0. 565 *** (0. 044)	- 0. 609 *** (0. 046)	- 0. 577 *** (0. 124)	0. 449 ** (0. 227)	1. 754 *** (0. 170)	0. 616 *** (0. 128)
adc_{it}	- 0. 278 *** (0. 061)	- 0. 478 *** (0. 114)	- 0. 581 ** (0. 290)	- 0. 649 *** (0. 196)	- 1. 183 *** (0. 330)	- 0. 576 *** (0. 161)
$lnTI_{it}$	- 0. 004 (0. 048)			- 0. 201 ** (0. 101)		
$lnII_{it}$		- 0. 079 (0. 088)			- 0. 688 ** (0. 289)	

续表

变量	2003～2008 年			2009～2020 年		
	技术引进	技术模仿	技术创新	技术引进	技术模仿	技术创新
	（1）	（2）	（3）	（4）	（5）	（6）
$\ln RD_{it}$			-0.187 (0.147)			0.754*** (0.153)
$adc_{it} \times \ln TI_{it}$	0.021*** (0.004)			0.058*** (0.018)		
$adc_{it} \times \ln II_{it}$		0.036*** (0.008)			0.081*** (0.023)	
$adc_{it} \times \ln RD_{it}$			0.041** (0.020)			0.035*** (0.010)
$\ln OS_{it}$	-0.304*** (0.061)	-0.248** (0.109)	-0.124 (0.182)	0.166 (0.159)	0.738*** (0.223)	-0.321*** (0.109)
$\ln I_{it}$	-0.018 (0.030)	0.011 (0.044)	0.120 (0.126)	0.128*** (0.041)	0.085 (0.095)	-0.580*** (0.118)
$\ln KL_{it}$	-0.495*** (0.172)	-0.465*** (0.149)	-0.399** (0.193)	-0.338*** (0.125)	0.132 (0.181)	-0.064 (0.103)
$\ln W_{it}$	-0.244 (0.201)	-0.097 (0.188)	0.114 (0.431)	0.110 (0.131)	-0.774*** (0.196)	-1.118*** (0.227)
$\ln TR_{it}$	0.522*** (0.066)	0.566*** (0.057)	0.559*** (0.089)	0.271** (0.119)	-0.283** (0.110)	0.057 (0.088)
Constant	5.781*** (1.496)	4.933*** (1.642)	3.557 (3.210)	1.843 (2.013)	15.181*** (4.660)	4.045*** (1.333)
AR（2）	0.39 [0.700]	0.46 [0.644]	0.32 [0.747]	-1.38 [0.168]	-1.27 [0.204]	0.38 [0.701]
sargan	2.13 [0.952]	8.88 [0.180]	2.20 [0.700]	4.54 [0.474]	6.53 [0.163]	6.39 [0.846]
Number of industry	22	22	22	22	22	22
N	110	110	110	242	242	252

注：（ ）中显示的是估计系数的标准误，[ ] 中显示的是统计量的 P 值；*、**和***分别表示在10%、5%和1%显著性水平下显著。

从表 6 - 5 的结果来看，无论是 2008 年之前还是 2008 年之后，$adc_{it} \times \ln TI_{it}$、$adc_{it} \times \ln II_{it}$、$adc_{it} \times \ln RD_{it}$ 均有效提升了 $\ln IDFDI_{it}$，且通过了显著性水平检验，说明贸易摩擦通过技术进步路径显著增加了行业双向 FDI 互动发展水平。从双向 FDI 的滞后项来看，2008 年之前，滞后一期的双向 FDI 显著抑制了当期双向 FDI 的发展；2008 年之后，滞后一期的双向 FDI 显著促进了当期双向 FDI 的发展。究其原因可能是，2008 年前由于资金限制，当年对外直接投资或外商直接投资过多时，会减少第二年的投资，故滞后一期的双向 FDI 显著抑制了当期双向 FDI 的发展；2008 年以后，国家为促进经济的复苏，积极投入资金，并出台了一系列有利于双向 FDI 发展的政策，对外直接投资和外商直接投资得以更好的发展，故 2008 年之后，滞后一期的双向 FDI 互动发展显著促进了当期双向 FDI 互动发展水平的上升。

三、稳健性检验

（一）替换变量

为了验证以上研究结果的可靠性，本节基于原假设和原模型进行稳健性检验，将保障措施案件数量作为反倾销案件数量的代理变量，重新带入原模型进行检验，从表 6 - 6 中可以发现，虽然回归系数的大小和显著性水平有些许变化，但结论与前文基本保持一致。

表 6 - 6　　　　　　　　　　替换变量的稳健性检验

变量	技术引进	技术模仿	技术创新
	（1）	（2）	（3）
$\ln IDFDI_{i,t-1}$	- 0.590 *** （0.065）	- 0.894 ** （0.351）	- 0.374 （0.255）
sfc_{it}	- 0.875 ** （0.410）	- 2.894 * （1.517）	- 4.645 *** （0.747）
$\ln TI_{it}$	- 0.274 *** （0.086）		

续表

变量	技术引进	技术模仿	技术创新
	（1）	（2）	（3）
$\ln II_{it}$		-0.677 *** (0.197)	
$\ln RD_{it}$			-0.512 *** (0.182)
$adc_{it} \times \ln TI_{it}$	0.063 ** (0.031)		
$adc_{it} \times \ln II_{it}$		0.188 * (0.105)	
$adc_{it} \times \ln RD_{it}$			0.297 *** (0.048)
$\ln OS_{it}$	0.053 (0.083)	0.093 (0.122)	0.032 (0.092)
$\ln I_{it}$	0.289 *** (0.073)	0.375 *** (0.104)	0.432 *** (0.069)
$\ln KL_{it}$	-0.463 *** (0.178)	0.015 (0.306)	-0.146 (0.102)
$\ln W_{it}$	0.710 *** (0.194)	0.672 ** (0.326)	1.078 *** (0.148)
$\ln TR_{it}$	0.685 *** (0.163)	0.880 *** (0.230)	0.550 *** (0.089)
Constant	-2.757 (1.797)	2.269 (2.658)	-3.382 ** (1.693)
AR（2）	-0.87 [0.383]	-1.03 [0.301]	-0.02 [0.988]
sargan	7.37 [0,288]	3.09 [0.686]	11.09 [0.350]

变量	技术引进	技术樟仿	技术创新
	(1)	(2)	(3)
Number of industry	22	22	22
N	374	374	374

注：( ) 中显示的是估计系数的标准误，[ ] 中显示的是统计量的 P 值；＊、＊＊和＊＊＊分别表示在 10%、5% 和 1% 显著性水平下显著。

（二）缩小样本容量

为了验证上述研究结果的可靠性，本节在制造业 22 个行业中剔除酒、饮料和精制茶制造业、烟草制品业、石油加工、炼焦和核燃料加工业以及仪器仪表制造业这几个未受贸易摩擦影响和受贸易摩擦影响较低的行业，将样本缩减为 18 个行业，以此考察贸易摩擦技术进步路径对 IDFDI 的影响是否稳健。表 6 – 7 结果显示贸易摩擦程度 adc_{it} 的回归系数均显著为负，贸易摩擦与技术进步效应的交互项系数显著为正，上述结果与本书的研究结论保持一致。

表 6 – 7　　　　　　　　　缩小样木容量的稳健性检验

变量	技术引进	技术模仿	技术创新
	(1)	(2)	(3)
$\ln IDFDI_{i,t-1}$	– 0. 327 (0. 206)	– 0. 020 (0. 086)	– 0. 003 (0. 129)
adc_{it}	– 0. 574 ** (0. 263)	– 0. 286 *** (0. 088)	– 0. 263 *** (0. 073)
$\ln TI_{it}$	– 0. 353 *** (0. 126)		
$\ln II_{it}$		– 0. 249 *** (0. 071)	
$\ln RD_{it}$			– 0. 122 * (0. 066)

续表

变量	技术引进	技术模仿	技术创新
	（1）	（2）	（3）
$adc_{it} \times lnTI_{it}$	0.053 ** （0.024）		
$adc_{it} \times lnII_{it}$		0.0190 *** （0.00645）	
$adc_{it} \times lnRD_{it}$			0.014 *** （0.005）
$lnOS_{it}$	0.198 ** （0.094）	0.030 （0.031）	−0.032 （0.037）
lnI_{it}	0.324 ** （0.144）	0.049 （0.040）	0.036 （0.040）
$lnKL_{it}$	−0.388 ** （0.193）	−0.037 （0.051）	−0.113 ** （0.051）
lnW_{it}	0.771 *** （0.246）	0.378 *** （0.067）	0.452 *** （0.110）
$lnTR_{it}$	0.602 *** （0.081）	0.517 *** （0.070）	0.476 *** （0.093）
Constant	−3.319 ** （1.344）	0.092 （1.372）	−1.765 *** （0.673）
AR（2）	−0.10 ［0.922］	1.39 ［0.164］	1.38 ［0.167］
sargan	2.47 ［0.481］	15.83 ［0.147］	5.14 ［0.743］
Number of industry	18	18	18
N	306	306	306

注：（ ）中显示的是估计系数的标准误，［ ］中显示的是统计量的 P 值；*、**和 ***分别表示在 10%、5% 和 1% 显著性水平下显著。

第五节　本章小结

本书利用中国 22 个制造业行业 2003～2020 年的面板数据，系统分析了贸易摩擦通过技术进步路径影响中国双向 FDI 互动发展的效应，结果发现：（1）贸易摩擦显著抑制了中国双向 FDI 互动发展水平，中国制造业行业贸易摩擦 adc_{it} 每增加 1% ，就会导致双向 FDI 互动发展水平降低 0.460～2.257 个百分点。（2）从贸易摩擦技术进步路径来看，贸易摩擦与技术引进、技术模仿、技术创新的交互项对双向 FDI 互动发展水平是呈现提升态势的。（3）贸易摩擦对中国双向 FDI 互动发展的技术进步路径会因为技术路径、双向 FDI 发展水平、中国发展阶段不同而显示出差异性。（4）本书在研究过程中采用多种稳健性检验，结果均表明贸易摩擦通过技术进步路径提升了中国双向 FDI 的互动发展水平。

 第七章

结论与政策建议

第一节　本书结论

基于前文的研究，本书得出以下结论。

第一，贸易摩擦对中国双向 FDI 互动发展的影响可以分为规模效应、结构效应和技术效应三种。从总体上看，在样本期内，贸易摩擦对中国双向 FDI 互动发展的影响均显著为负，因此可以认为，贸易摩擦对中国的双向 FDI 互动发展具有一定的消极作用。

第二，本书对贸易摩擦影响中国双向 FDI 互动发展的规模效应进行了深入分析，通过动态面板模型的设定，确立了反倾销壁垒的案件数量 adc_{it} 为核心解释变量，利用耦合协调函数对双向 FDI 的互动发展程度进行测算，选择制造业行业的经济发展水平、所有权结构、工资水平等因素作为控制变量。在基于 GMM 估计方法进行全样本分析并通过异质性检验和稳健性检验后，研究发现：（1）在剔除相关无效数据后，全行业的研究表明，贸易摩擦对双向 FDI 互动发展水平存在消极作用，而贸易摩擦通过规模效应提升了双向 FDI 互动发展水平；（2）在分时间段的研究中，受限于样本数据，可以看出自金融危机爆发后的 12 年中，贸易摩擦通过规模效应对双向 FDI 互动发展水平的促进效应更高；（3）在对规模效应进行分 IDF-DI 结构进行讨论的过程中，结果显示，相较于低 IDFDI 的行业，贸易摩擦对高 IDFDI 行业的 $lnIDFDI_{it}$ 积极影响更大；（4）在对行业按经济规模进行

分类研究后，结果表明贸易摩擦通过规模效应对不同经济规模的行业影响一致，不存在异质性。

第三，本书进一步讨论了贸易摩擦影响中国双向 FDI 互动发展的结构效应，从产业结构高度化的视角对贸易摩擦的结构效应进行了详细分析与验证。在保留反倾销壁垒的案件数量 adc_{it} 为核心解释变量的基础上，在模型中引入了技术结构高度化、劳动结构高度化、收入结构高度化三个因素。研究期内的结果表明：（1）贸易摩擦会抑制中国双向 FDI 的互动发展；（2）在样本期内，产业结构的升级抑制了 IDFDI 的提高；（3）作为世界上最大的发展中国家，中国在产业结构相关领域起步较晚，从总体上看还有很大的发展空间；（4）从研究期间的数据来看，贸易摩擦会通过倒逼产业结构高度化水平的提高进而促进 IDFDI 的发展。

第四，本书分析了贸易摩擦影响中国双向 FDI 互动发展的技术效应，由于技术创新能力是影响一国经济增长的核心因素之一，IFDI 的技术溢出效应和 OFDI 的逆向技术溢出效应可能对中国高新技术的发展造成影响，因此，本书第六章从技术引进、技术模仿和技术创造与贸易摩擦对中国制造业双向 FDI 互动发展的影响机制展开，对贸易摩擦的技术效应进行分析。从技术引进来看，IFDI 的持续注入可能使中国的劳动力通过人员流动效应将技术性信息传递，提高中国的技术水平和创新能力，从而促进 OFDI 增长；而贸易保护带来的技术引进限制，也会使得中国对其 OFDI 减少，并将 OFDI 转投向技术差距相对较小的国家或地区，在创新源技术势差的相应机制作用下提高先进技术获得的可能性，促进中国的技术创新能力进一步发展，并依此推动 IFDI 规模的进一步扩大。从技术模仿来看，一方面，贸易摩擦并不会对中国 IFDI 产生太大影响，反而会使中国通过对先进技术的研究与模仿增强国内产业的转型升级，进而增加产品对外投资的动力以及促进 OFDI 的发展；另一方面，贸易摩擦带来的逆向技术溢出效应可以为中国引入 IFDI 提供更多可能性，实现由"被动选择"向"主动提质"的转变。就技术创造而言，一方面，技术创新可以让中国在面对贸易摩擦时掌握"主动权"，IFDI 作为当下主要的国际技术溢出渠道，实现 IFDI 与技术创新的有效互动十分必要，而技术创新带来的吸引力也会为合资企业注入活力，促进 OFDI 的发展；另一方面，贸易摩擦虽然在一定时期内会对中国的前沿生产技术造成限制，但长远来看，贸易摩擦会倒逼中国企业通过技术创新实现技术赶超，促进企业走出去。样本期内的结果表明：（1）贸易摩擦会对双向 FDI 的互动发展水平造成显著的负面影响，且结果是稳健的；（2）贸易摩擦通过技术引进、技术模仿、技术创新三条路径的选择，对双向 FDI 互动发展水平有着正向的促进作用，而贸易摩擦的技术效应会因为技术路径、IDFDI 发展水平以及中国的不同发展阶段而表现出差异性。

第二节　政策建议

鉴于以上的研究结论，面对可能存在的贸易摩擦问题，本书针对贸易摩擦与中国双向 FDI 互动发展提出以下政策建议。

一、采取有效制度措施积极应对贸易摩擦

第一，放眼全球贸易摩擦对中国双向 FDI 互动发展的影响，中国可以在加强国与国之间交流沟通的同时，采取针对性的反制措施，但应慎重采取汇率贬值等相关措施应对贸易摩擦，以免对国内金融市场和外汇市场带来过大的波动。相关实证表明，与非 RCEP 成员国相比，RCEP 的形成能显著提高中国与 RCEP 成员国之间的贸易水平，且对中国进口贸易的提升水平高于中国出口贸易。一个地域范围内自贸区的形成会显著促进地区内各国之间的贸易交换水平，各国之间通过互相给予贸易优惠条件，能进一步促进地区内的商品服务流动，充分利用各国市场，最大程度地发挥各国生产侧的比较优势。为此，积极推动 RCEP 进一步发展、吸引更多国家加入 RCEP，不仅对促进中国双向 FDI 互动发展具有深远意义，而且有利于地区间的稳定繁荣发展。

第二，在全球价值链分工层面，中国应积极提升自身在全球价值链中

的地位，加强自由贸易区的建设，不断扩大对外开放的程度。通过"引进来"和"走出去"相结合的方式，促进与世界各国在经济技术等多方面的交流沟通，以此促进本国技术水平的增长并提高自身在全球价值链中的参与度和话语权，不断增强与贸易伙伴国的互利共赢关系，以此减少国家间的贸易摩擦频率和摩擦的持续时间，最终缓解贸易摩擦对双向 FDI 互动发展的消极影响。

第三，为了尽可能避免在高精尖行业被贸易摩擦的制裁措施"卡脖子"，在税收制度方面，应进一步完善研发税收的相关激励政策以降低企业研发成本，激发中国企业创新创造的积极性，提高自主创新能力。从研发收入和支出等角度鼓励企业进行自主研发，利用贸易摩擦的倒逼作用，降低对外国先进技术的依赖程度，努力达到或超越新的技术标准，提升出口产品的质量和技术标准，从而增强本国企业的国际竞争力。

第四，从法律法规角度来看，为了维持高技术行业的创新积极性，中国应该对内健全相应法律法规，如塑造完备的知识产权保护体系，加大对知识产权的保护力度和侵害知识产权行为的打击力度；对外完善涉外法律体系，引入知识产权惩罚性赔偿制度，吸引跨国公司投资。从国内外法律层面为国内高技术企业吸引外资注入营造良好的营商环境，以此促进高技术行业的长足发展，减少知识产权层面的贸易摩擦，降低高技术行业受到的贸易摩擦冲击。

第五，从产业政策角度出发，高技术行业在当今大环境下对于一国的国民经济发展发挥着举足轻重的作用。为此，中国应因地制宜，根据不同地区的发展状况，制定适合本地区的产业政策，充分利用当地的自然资源、人力资源和产业优势，实现可持续的差异化发展，减少不必要的内耗和恶性竞争，鼓励地区间的良性竞争和协调发展。

二、完善相应政策提高规模效应的积极影响

从外商直接投资的规模来看，目前中国的 IFDI 虽然规模较大，但可以看到大多是以资源寻求性为主，且中国的 IFDI 有很大一部分是要素市场扭

曲的结果，而这类外资势必会给中国的资源环境带来巨大压力，因此，中国应在扩大对外开放的同时，加大高技术行业的 IFDI 引进力度，借外资促进高新技术产业发展。中国要充分发挥拥有超大规模市场这一优势，引导企业通过自身的区位优势和要素禀赋优势吸引 IFDI 流入，通过对外投资进行产业转移，避免贸易摩擦带来的影响；同时，依托国内和国际大循环吸引全球商品及资源要素，积极推动以国际和国内两个市场相互兼容并充分体现"以我为主"的主场全球化。

三、提高结构效应对双向 FDI 互动发展的促进作用

第一，从技术结构高度化角度来看，由于贸易摩擦不只对中国传统行业造成冲击，对于技术结构高度化的高技术行业产生的冲击更为明显，为此，中国应重视战略性新兴产业的发展。尽管近年来中国不断加大对企业自主创新的扶持力度，但外国直接投资对中国企业投资的兴趣和规模在不断减弱，而且贸易摩擦会进一步通过抑制外国直接投资对产业结构高度化较高的高技术企业的转型升级造成阻碍，影响临近地区的产业结构高级化发展。因此，中国应加大对战略性新兴产业的扶持，提供相应优惠政策以此吸引外商对高技术行业的投资。此外，对于国外的先进技术，国内企业不能一味模仿甚至照抄，而是应该对先进技术进行消化和延伸，因地制宜最后为"我"所用。最后，通过促进传统行业与战略性新兴产业的融合，增强第一、第二产业的联系，促进各地区、各行业的紧密合作交流，实现产业间的相互交叉渗透，优势互补，通过技术结构的高度化促进双向 FDI 互动发展。

第二，从劳动结构高度化角度来看，贸易摩擦会通过出口产业、高新技术产品进口替代、贸易禁运等方面对一国劳动力市场乃至国家经济发展战略造成影响。为此，在人才储备上，我国必须坚持科技是第一生产力、人才是第一资源、创新是第一动力，深入实施科教兴国战略、人才强国战略、创新驱动发展战略，开辟发展新领域新赛道，不断塑造发展新动能新优势。政府应继续加大在教育经费方面的投入，注重基础学科的人才培养

和储备，制定相应的人才政策，净化国内的学术环境，减轻国内优秀人才出国交流学习面临的各方面压力，在帮助其学习国外先进技术经验的同时，还能保证回国"反哺"我国薄弱学科和产业。此外，保持对外来人才的开放态度，积极吸纳国外人才，实现国内外人才和技术的双重吸纳。高技术行业应积极落实创新驱动发展战略，加快实现高水平自立自强。政府也应积极引导外商直接投资流向高技术行业，通过劳动力质量的提升，完善创新机制，提高创新质量，降低贸易摩擦对产业结构高度化的冲击。

第三，从收入结构高度化角度出发，中国应提高制造业产品的技术水平，增加新产品的产出规模，减轻贸易摩擦发生时对中低端制造业产品销售的影响，减少 IFDI 规模的缩小程度。

四、加大对沿线高新技术实力强劲国家的直接投资以发挥技术效应

第一，随着"一带一路"的优势逐渐显现，越来越多的发达经济体，如韩国、卢森堡乃至奥地利等国不断加入，中国与沿线国家谋求互利共赢的空间越来越大，在经贸合作方面拥有巨大的潜力。中国企业在"一带一路"中如若发挥引领作用，便可以更好地发挥"一带一路"对沿线中国企业自身和各沿线国家企业的双重技术效应，这是充分发挥研究溢出效应、顺利实施创新驱动发展战略以实现科技自立自强的关键之一。对于在某些领域具有一定科研优势的国家，中国可以加强与这些国家在特定领域的经贸往来与技术合作。对于具有较强基础研究能力的经济体，如俄罗斯等国，中国企业可以加强与其在基础研究领域的合作。对于具有雄厚的科技水平的发达经济体，中国企业可以加强与这些经济体的全方位合作投资，针对新兴产业，如数字经济等方面展开密切合作。

第二，改革开放 40 多年来，中国先后设立了经济技术开发区（1984）、高新技术产业开发区（1988）、边境经济合作区（1992）等一批产业园区，在园区建设方面积累了丰富经验。根据《中国开发区审核公告目录》，截至 2022 年 6 月，中国已建成国家高新技术开发区 173 家、国家

级经济技术开发区 230 个、边境经济合作区 17 个。为继续发挥人员流动效应，进一步凸显规模经济效应的优势，园区企业应立足于中国实际，不断提升本土企业的科技创新能力、学习能力和应对新环境新形势的能力，提高员工福利水平和幸福感，并尽可能为员工提供学习和晋升机会，以此形成正向激励，同时还要积极履行社会责任，坚持可持续发展战略，树立良好的国内外企业形象。在本国企业逐步走向成熟的过程中，还应不断总结发展的成功经验，借助"一带一路"加强与沿线各国之间的联系，并将其推广以实现国家间的互利共赢。

第三，为推动技术创新的进程，中国还应积极提高投资和贸易自由化水平，对内推进自由贸易港和自贸试验区的高质量发展，促进贸易和技术在国家间的流动，对外继续完善和推动自由贸易区提升战略，以全球为对象，构建高质量高规格高水平的自贸区网络。同时，中国还应该注重自身风险防控能力的提升，充分利用现有资源能源与沿线国家建立能源合作关系，加大双边和多边资源能源合作机制的建设并联合进行相关标准制定，以实现资源能源方面的合作共赢与安全稳定，在投资方面也应建立多方投资保证机构，以实现对投资风险的有效规避。通过相应举措充分发挥技术效应对双向 FDI 互动发展的推动作用。

参考文献

［1］保罗·克鲁格曼，茅瑞斯·奥伯斯法尔德．国际经济学，1997 年第四版中译本，北京：中国人民大学出版社，1998.

［2］鲍勤，苏丹华，汪寿阳．中美贸易摩擦对中国经济影响的系统分析［J］．管理评论，2020，32（07）：3–16.

［3］鲍晓华，陈清萍．反倾销如何影响了下游企业出口？——基于中国企业微观数据的实证研究［J］．经济学（季刊），2019，18（02）：749–770.

［4］蔡宏波，徐美云．中美贸易战对中国就业的影响有多大［J］．世界知识，2018（21）：58–59.

［5］陈海裕，高雯筠．2018 年中美贸易战对我国外商直接投资的影响研究［J］．现代商贸工业，2019，40（16）：41–43.

［6］崔连标，朱磊，宋马林，郑海涛．中美贸易摩擦的国际经济影响评估［J］．财经研究，2018，44（12）：4–17.

［7］丁一兵，张弘媛．中美贸易摩擦对中国制造业全球价值链地位的影响［J］．当代经济研究，2019（01）：76–84，113.

［8］杜凯，周勤．中国对外直接投资：贸易壁垒诱发的跨越行为［J］．南开经济研究，2010（02）：44–63.

［9］段炳德．中美贸易摩擦对我国制造业就业的潜在影响分析［J］．中国劳动关系学院学报，2018，32（03）：9–14.

［10］段相域．中美贸易摩擦现状、影响与应对策略［J］．现代商贸工业，2020，41（20）：25–26.

［11］樊海潮，张丽娜．中间品贸易与中美贸易摩擦的福利效应：基于理论与量化分析的研究［J］．中国工业经济，2018（09）：41–59.

［12］方意，宋佳馨，谭小芬．中国金融市场之间风险溢出的时空特征及机理分析——兼论中美贸易摩擦对金融市场的影响［J］．金融评论，2020，12（06）：20 - 43，121 - 122.

［13］冯晓玲，姜珊珊．中美贸易摩擦背景下中日韩自贸区的潜力与经济效应分析［J］．东北亚经济研究，2020，4（03）：57 - 72.

［14］弗里德里希·李斯特．政治经济学的国民体系［M］．北京：商务印书馆，1961.

［15］付国梅，唐加福．美国再工业化祸兮福兮：双向 FDI 能否促进中国经济高质量发展？——基于产业结构和技术创新的中介作用［J］．系统管理学报，2022，31（06）：1137 - 1149.

［16］龚梦琪，刘海云，姜旭．中国工业行业双向 FDI 如何影响全要素减排效率［J］．产业经济研究，2019（03）：114 - 126.

［17］龚梦琪，刘海云．中国工业行业双向 FDI 的环境效应研究［J］．中国人口·资源与环境，2018，28（03）：128 - 138.

［18］龚梦琪，刘海云．中国双向 FDI 协调发展、产业结构演进与环境污染［J］．国际贸易问题，2020（02）：110 - 124.

［19］郭克莎．论产业结构的协调化与高度化［J］．江淮论坛，1990（04）：1 - 6.

［20］郭晴，陈伟光．基于动态 CGE 模型的中美贸易摩擦经济效应分析［J］．世界经济研究，2019（08）：103 - 117，136.

［21］何娜．中国对外直接投资对利用外资的影响研究［D］．武汉：华中科技大学，2017.

［22］和文佳，方意，荆中博．中美贸易摩擦对中国系统性金融风险的影响研究［J］．国际金融研究，2019（03）：34 - 45.

［23］胡鞍钢．国家生命周期与中国崛起［J］．教学与研究，2006（01）：7 - 17.

［24］胡方．日美经济摩擦的理论与实态［M］．武汉：武汉大学出版社，2001.

［25］黄凌云，刘冬冬，谢会强．对外投资和引进外资的双向协调发

展研究 [J]. 中国工业经济, 2018 (03): 80 - 97.

[26] 黄鹏, 汪建新, 孟雪. 经济全球化再平衡与中美贸易摩擦 [J]. 中国工业经济, 2018 (10): 156 - 174.

[27] 黄晓风. 贸易模式的转型与国际贸易摩擦的化解 [J]. 国际经贸探索, 2010, 26 (03): 11 - 16.

[28] 黄新飞, 方菲菲, 何昊楠. 反倾销制裁与制造业企业创新——基于中国上市公司的理论与实证 [J]. 经济学报, 2022, 9 (04): 1 - 31.

[29] 贾军. 外商直接投资与东道国绿色技术创新能力关联测度分析 [J]. 科技进步与对策, 2015, 32 (09): 121 - 127.

[30] 姜囡. 中美贸易摩擦的成因与对策 [J]. 财经问题研究, 2014 (S1): 154 - 157.

[31] 蒋冠宏, 曾靓. 融资约束与中国企业对外直接投资模式: 跨国并购还是绿地投资 [J]. 财贸经济, 2020, 41 (02): 132 - 145.

[32] 克鲁格曼. 战略性贸易政策与新国际经济学 [M]. 北京: 中国人民大学出版社、北京大学出版社, 2000.

[33] 雷达, 于春海. 内外均衡、结构调整和贸易摩擦 [J]. 世界经济与政治, 2004 (08): 70 - 75, 7.

[34] 李春顶, 何传添, 林创伟. 中美贸易摩擦应对政策的效果评估 [J]. 中国工业经济, 2018 (10): 137 - 155.

[35] 李洪亚, 宫汝凯. 技术进步与中国 OFDI: 促进与溢出的双重考察 [J]. 科学学研究, 2016, 34 (01): 57 - 68.

[36] 李计, 吴青. 中美贸易摩擦成因、影响与我国应对策略研究 [J]. 价格理论与实践, 2018 (03): 151 - 154.

[37] 李俊江, 韩江雪. 中美贸易不确定性、贸易收益及其应对 [J]. 财经科学, 2022 (07): 137 - 148.

[38] 李猛, 王纪孔. 东道国宏观经济特征、反倾销与中国对外直接投资 [J]. 世界经济研究, 2014 (04): 73 - 79, 89.

[39] 李猛, 于津平. 贸易摩擦、贸易壁垒与中国对外直接投资研究 [J]. 世界经济研究, 2013 (04): 66 - 72, 89.

［40］李猛，于津平．中国反倾销跨越动机对外直接投资研究［J］．财贸经济，2013（04）：76 - 88，49．

［41］李侨敏，王晓岭．中美贸易摩擦背景下我国稳外资政策有效性评估：基于异质性 CGE 模型的分析［J］．国际经贸探索，2021，37（09）：51 - 67．

［42］李双杰，李众宜，张鹏杨．对华反倾销如何影响中国企业创新？［J］．世界经济研究，2020（02）：106 - 120，137．

［43］李秀香，和聪贤．中美贸易摩擦中的高技术产业：压力及应对［J］．国际贸易，2019（03）：13 - 23．

［44］李妍，张霖东．2019 年中美贸易战对我国外商直接投资的影响分析［J］．中国市场，2020（22）：8 - 9．

［45］李泽宇．中美贸易摩擦的理论根源、影响与对策分析［J］．现代商贸工业，2021，42（15）：23 - 24．

［46］廖丽，曹慧卓．中美贸易摩擦背景下强制技术转让问题研究［J］．国际贸易，2020（05）：83 - 89．

［47］林学军，张文凤．贸易摩擦背景下外商直接投资对全球价值链的影响研究［J］．哈尔滨商业大学学报（社会科学版），2020（03）：49 - 63．

［48］刘冬冬，董景荣，王亚飞．行业特征、要素禀赋结构与技术进步路径选择——基于中国装备制造业的实证检验［J］．科研管理，2017，38（09）：132 - 141．

［49］刘薇，张溪．美国对华高技术出口限制对中国科技创新的影响分析——基于中美贸易摩擦背景［J］．工业技术经济，2019，38（09）：35 - 43．

［50］刘宇飞，王煦莹，刘晓峰．FDI 技术溢出效应对我国制造业碳排放异质性影响研究［J］．科学决策，2019（04）：23 - 40．

［51］柳剑平，张兴泉．产业内贸易、产业结构差异与中美贸易摩擦——与中日贸易摩擦的比较分析［J］．世界经济研究，2011（05）：27 - 32，63，87 - 88．

［52］卢进勇，张航，李小永．中美贸易摩擦对我国利用外资的影响

及对策分析〔J〕. 国际贸易, 2019 (01): 28 – 38.

〔53〕陆建兵. 中美经贸关系恶化对中国经济的影响分析〔J〕. 产业创新研究, 2019 (01): 70 – 71.

〔54〕马相东, 张文魁, 王喆. 中国企业出口增长的决定因素: 生产率抑或企业规模〔J〕. 改革, 2019 (04): 126 – 136.

〔55〕马跃. 大国崛起过程中的国际贸易摩擦研究〔D〕. 大连: 东北财经大学, 2013.

〔56〕孟萍莉, 崔佳慧. 中美贸易摩擦的现状特点分析及企业应对策略〔J〕. 商业经济, 2020 (02): 67 – 69, 97.

〔57〕苗迎春. 中美经贸摩擦研究〔M〕. 武汉: 武汉大学出版社, 2009: 11 – 15.

〔58〕聂飞, 刘海云, 毛海欧. 中国利用外资促进了对外直接投资吗——基于集聚经济效应的实证研究〔J〕. 国际贸易问题, 2016 (10): 119 – 130.

〔59〕聂飞, 刘海云. 中国 IFDI、OFDI 与出口贸易的互动机制——基于跨国面板数据的实证检验〔J〕. 国际经贸探索, 2018, 34 (01): 68 – 84.

〔60〕潘文卿, 陈晓, 陈涛涛, 顾凌骏. 吸引外资影响对外投资吗? ——基于全球层面数据的研究〔J〕. 经济学报, 2015, 2 (03): 18 – 40.

〔61〕庞德良, 石宇飞. 金融危机后中国对日直接投资分析〔J〕. 宏观经济研究, 2018 (12): 156 – 166.

〔62〕裴长洪. 我们应如何看待和应对贸易摩擦〔J〕. 学习与实践, 2005 (08): 6 – 8.

〔63〕彭红斌. 国际贸易保护主义理论与政策演变〔J〕. 延安大学学报 (社会科学版), 2012, 34 (01): 39 – 43.

〔64〕钱学锋. 经济全球化下中国的贸易摩擦问题及其解决机制〔J〕. 亚太经济, 2004 (06): 14 – 17.

〔65〕尚运生. 在华 FDI 撤资的影响因素与政策启示——基于 1995—2014 年统计数据的分析〔J〕. 商业研究, 2019 (02): 83 – 91.

［66］沈国兵．美国对华反倾销对中国内向和外向 FDI 的影响［J］．财贸经济，2011（09）：63 - 70，135．

［67］沈兰军，刘宗珉，陈维哲．中美贸易摩擦对我国对外直接投资的影响研究［J］．全国流通经济，2020（04）：26 - 27．

［68］史本叶，李秭慧．中国对美直接投资：跨越贸易壁垒的视角［J］．东北师大学报（哲学社会科学版），2017（01）：54 - 62．

［69］史长宽．中美贸易摩擦对我国产业结构升级的影响及对策［J］．中国流通经济，2019，33（06）：46 - 57．

［70］宋书新，陈绎润，温军．贸易摩擦与技术创新：基于跨国数据的经验分析［J］．华东师范大学学报（哲学社会科学版），2023，55（02）：146 - 160，177 - 178．

［71］孙莹．外商直接投资对中美贸易失衡影响研究［D］．沈阳：辽宁大学，2021．

［72］谭娜，高峰，何传添．贸易摩擦与中国企业出口——基于供应商关系的视角［J］．国际贸易问题，2022（09）：35 - 52．

［73］谭同举．我国 IFDI 与 OFDI 之间的互动关系研究［D］．上海：华东师范大学，2017．

［74］陶涛．国际贸易［M］．北京：中共中央党校出版社，2005．

［75］王宾容，王久乐．国际产业结构趋同与中美贸易摩擦动因［J］．首都经济贸易大学学报，2016，18（06）：58 - 66．

［76］王厚双．公关在日本处理日美贸易摩擦中的作用［J］．国际贸易问题，2003（01）：5 - 9．

［77］王锦红．贸易摩擦的正经济效应研究——以日本战后的贸易摩擦为例［J］．经济研究导刊，2009（10）：156 - 157．

［78］王孝松，陈燕．贸易摩擦的成因、效应和应对策略［J］．齐鲁学刊，2023（01）：117 - 132．

［79］王孝松，谢申祥．发展中大国间贸易摩擦的微观形成机制——以印度对华反倾销为例［J］．中国社会科学，2013（09）：86 - 107，206．

［80］王亚飞．贸易摩擦理论研究［J］．国际贸易问题，2007（02）：

18 – 23, 50.

［81］王颖，周金凯，田文泉．制造业回归趋势下美国对中国直接投资与两国贸易失衡研究［J］．亚太经济，2021（03）：96 – 105.

［82］王永钦，杜巨澜，王凯．中国对外直接投资区位选择的决定因素：制度、税负和资源禀赋［J］．经济研究，2014，49（12）：126 – 142.

［83］王永中，周学智．中美贸易摩擦与中国制造业对外投资走势［J］．经济纵横，2021（02）：61 – 70.

［84］王玉璋．贸易保护主义理论综述［J］．中国市场，2010（31）：131 – 132.

［85］王云胜，于树江．中美贸易摩擦对我国产业结构升级的中长期影响研究［J］．河南社会科学，2020，28（01）：93 – 101.

［86］吴光宇，李墨宇．中美贸易摩擦频发的诱因与应对策略［J］．对外经贸实务，2018（03）：42 – 45.

［87］吴韧强，刘海云．垄断竞争、利益集团与贸易战［J］．经济学（季刊），2009，8（03）：829 – 848.

［88］吴亚琼．国际贸易摩擦效应的辩证分析［D］．沈阳：辽宁大学，2008.

［89］夏雨，尚文程．金融危机"后遗症"与中国对外投资的战略选择［J］．财经问题研究，2011（08）：54 – 59.

［90］徐磊，唐姗姗，张洗铭．制造业双向FDI互动发展的创新驱动效应研究［J］．科研管理，2020，41（02）：26 – 39.

［91］闫克远．中国对外贸易摩擦问题研究［D］．长春：东北师范大学，2012.

［92］杨飞．贸易摩擦、国内市场规模与经济高质量发展：国际技术竞争的视角［J］．中国软科学，2021（08）：8 – 18.

［93］杨飞，孙文远，程瑶．技术赶超是否引发中美贸易摩擦［J］．中国工业经济，2018（10）：99 – 117.

［94］杨晗婕．产业结构升级视角下制造业双向FDI协同发展的创新驱动机制研究［D］．四川外国语大学，2021.

［95］杨荣静，卢进勇. 贸易摩擦感知与企业海外直接投资行为［J］. 世界经济研究，2022（11）：106－118，134，137.

［96］杨汝岱，吴群锋. 企业对外投资与出口产品多元化［J］. 经济学动态，2019（07）：50－64.

［97］杨文豪，黄远浙，钟昌标. 反倾销抑制了出口企业创新吗？——基于对外投资和出口网络视角的研究［J］. 南开经济研究，2022（09）：116－131.

［98］姚洋，邹静娴. 从长期经济增长角度看中美贸易摩擦［J］. 国际经济评论，2019（01）：146－159，8.

［99］叶君. 企业技术创新与对外直接投资的选择——基于中国制造业上市公司的研究［J］. 工业技术经济，2022，41（09）：106－114.

［100］尹翔硕，李春顶，孙磊. 国际贸易摩擦的类型、原因、效应及化解途径［J］. 世界经济，2007（07）：74－85.

［101］于畅，邓洲. 贸易环境变化背景下中国制造业参与全球价值链分工——研究前沿综述［J］. 中国流通经济，2020，34（05）：40－47.

［102］于恩锋. 中美贸易战的金融效应——基于中美股市的事件研究法实证［J］. 中国证券期货，2019（03）：9－21.

［103］于换军，毛日昇. 中美贸易摩擦对两国就业的影响［J］. 东北师大学报（哲学社会科学版），2019（06）：136－139.

［104］于铁流，李秉祥. 中美贸易摩擦的原因及其解决对策［J］. 管理世界，2004（09）：67－72，80.

［105］余振，陈鸣. 贸易摩擦对中国对外直接投资的影响：基于境外对华反倾销的实证研究［J］. 世界经济研究，2019（12）：108－120，133.

［106］翟胜宝，程妍婷. 贸易摩擦对高端制造企业融资约束的影响——来自货币政策的中介效应研究［J］. 吉林工商学院学报，2021，37（04）：42－50.

［107］张帆. 依托"一带一路"规避中美贸易正面冲突的可行性与具体路径［J］. 对外经贸实务，2019（12）：23－26.

[108] 张巩. 贸易摩擦的政治经济学分析 [D]. 沈阳：辽宁大学，2021.

[109] 张纪凤，王宏瑞. 数字经济、产业结构与双向 FDI 协调发展——基于长三角地区的实证研究 [J]. 哈尔滨商业大学学报（社会科学版），2022（06）：78－91.

[110] 张前荣. 中美贸易摩擦对我国物价总水平影响不大 [J]. 中国物价，2018（06）：3－6.

[111] 张琼，杨晓龙，陈秀丽. 产业分工、国际贸易摩擦及我国的对策——基于价值链视角的研究 [J]. 贵州财经大学学报，2017（01）：25－32.

[112] 张瑞锋，李亚娇. 双向 FDI 与产业结构升级——基于动态"双循环"视角的研究 [J]. 北方金融，2022（09）：7－14.

[113] 张淑静，温凯茹. 美国技术性贸易壁垒对中国出口的影响——兼谈中美贸易摩擦的实质 [J]. 国际经济合作，2019（04）：82－94.

[114] 张相伟，龙小宁. 中国对外直接投资具有跨越贸易壁垒的动机吗 [J]. 国际贸易问题，2018（01）：135－144.

[115] 张小鹿. 中国对外直接投资是否为规避贸易壁垒——基于东道国特征的分析 [J]. 经济视角（上旬刊），2015（07）：19－24.

[116] 张轶晴，李宏瑾. 中美贸易摩擦对中国全球产业链地位冲击的影响研究 [J]. 黑龙江金融，2018（11）：14－18.

[117] 张真，黄宇雯. 双循环格局下广东吸引 FDI 的影响因素研究 [J]. 时代经贸，2022，19（06）：127－133.

[118] 郑素静. 外商直接投资对中美双边贸易的影响研究 [J]. 太原师范学院学报（社会科学版），2013，12（03）：37－39.

[119] 周喆，王孝松. 大国间经济冲突的政治动因探究——基于美日、美中贸易摩擦的比较分析 [J]. 政治经济学评论，2013，4（01）：142－160.

[120] 周政宁，史新鹭. 贸易摩擦对中美两国的影响：基于动态 GTAP 模型的分析 [J]. 国际经贸探索，2019，35（02）：20－31.

［121］朱于珂，高红贵，徐运保．双向 FDI 协调发展如何降低区域 CO₂ 排放强度？——基于企业绿色技术创新的中介效应与政府质量的调节作用［J］．软科学，2022，36（02）：86－94.

［122］竺彩华．中国对美直接投资：新发展、新机遇和新挑战［J］．国际经济合作，2018（02）：51－60.

［123］邹志明，陈迅．双循环背景下中国双向 FDI 协调发展水平及其影响因素研究——基于 PVAR 模型的测度和动态面板模型的实证分析［J］．经济问题探索，2021（08）：179－190.

［124］Bac, Mehmet and Raff Horst. A Theory of Trade Concessions［J］. Journal of International Economics, 1997, 42：483－550.

［125］Baron, David P. Integrated Strategy and International Trade Dispute：The Ko dark－Fujifilm Case［J］. Journal of Economics & Management Strategy, 1997, 6（02）：291－346.

［126］Belderbos R, Vandenbussche H, Veugelers R. Antidumping Duties, Undertakings, and Foreign Direct Investment in the EU［J］. European Economic Review, 2004, 48（02）：429－453.

［127］Blomstrom M, Kokko A. Foreign Direct Investment and Spillovers of Technology［J］. International Journal of Technology Management, 2001, 22（5/6）：435－454.

［128］Blonigen B A, Ohno Y. Endogenous Protection, Foreign Direct Investment and Protection-building Trade［J］. Journal of International Economics, 1998, 46（02）：205－227.

［129］Blonigen B A. Tariff-jumping Antidumping Duties［J］. Journal of International Economics, 2002, 57（01）：0－49.

［130］Bown, Chad P. The Economics of Trade Disputes, The GATT's Article XXⅢ, and the WTO's Dispute Settlement Understanding［J］. Economics and Politics, 2002, 14（03）：283－323.

［131］Bown, Chad P. Trade Dispute and the Implementation of Protection Under the GATT：An Empirical Assessment［J］. Journal of International Economics, 2004, 62: 263 – 294.

[132] Chen Y. Agglomeration and Location of Foreign Direct Investment: The Case of China [J]. China Economic Review, 2009, 20 (03): 549 – 557.

[133] Cole M T, Davies R B. Strategic Tariffs, Tariff Jumping, and Heterogeneous Firms [J]. European Economic Review, 2009, 55 (04): 480 – 496.

[134] Cook G A S, Pandit N R, Lööf H, et al. Geographic Clustering and Outward Foreign Direct Investment [J]. International Business Review, 2012, 21 (06): 1112 – 1121.

[135] Cull R, Xu L C. Who Gets Credit? The Behavior of Bureaucrats and State Banks in Allocating Credit to Chinese State-owned Enterprises [J]. Journal of Development Economics, 2003, 71 (02): 533 – 559.

[136] David P. Baron. Integrated Strategy and International Trade Disputes: The Kodak-Fujifilm Case [J]. Journal of Economics & Management Strategy, 1997, 6 (01).

[137] Ding Z. Optimal Tariff with Heterogeneous Firms, Variable Markups and Tariff-Jumping FDI [R]. University of Washington Working Paper, 2018.

[138] Dixon J. The Impact on Australia of Trump's 45 Percent Tariff on Chinese Imports [J]. Economic Papers, 2017, 36 (03): 266 – 274.

[139] Dunning J H. Explaining the International Direct Investment Position of Countries: Towards a Dynamic or Developmental Approach [J]. Review of World Economics, 1981 (01): 30 – 64 .

[140] Eicher T, Kang J W. Trade, Foreign Direct Investment or Acquisition: Optimal Entry Modes for Multinationals [J]. Journal of Development Economics, 2005, 77 (01): 207 – 228.

[141] Fujiwara, Kenji. Trade and FDI Liberalization in a General Oligopolistic Equilibrium [J]. Japan and the World Economy, 2017, 41: 45 – 49.

[142] Gao X, Miyagiwa K. Antidumping Protection and R&D Competition [J]. Canadian Journal of Economic, 2005, 38 (01): 211 – 227.

[143] Gomory R E, Baumol W J . Global Trade and Conflicting National

Interests［M］. MIT Press，2000.

［144］Grinols，Earl，Perrelli R. Politics，the WTO and Trade Disputes：Evidence from US Cases［J］. Pacific Economics Review，2002，7（02）：335 – 357.

［145］Grossman M，Helpman E. Protection for Sale［J］. The American Economic Review，1994，84（04）：833 – 850.

［146］Grossman M，Helpman E. Trade Wars and Trade Talks［J］. Journal of Political Economy，1995，103（04）：675 – 707.

［147］Guo M，Lu L，Sheng L，et al. The Day After Tomorrow：Evaluating the Burden of Trump's Trade War［J］. Asian Economic Papers，2018，17（01）：101 – 120.

［148］Gu Q，Lu J W. Effects of Inward Investment on Outward Investment：The Venture Capital Industry Worldwide 1985 – 2007. Journal of International Business Studies，2011，42（02）：263 – 284.

［149］Helpman，Elhanan，Melitz，et al. Export Versus FDI with Heterogenous Firms［J］. American Economic Review，2004，65：138 – 160.

［150］Hirsch Seev. An International Trade and Investment Theory of the Firm［J］. Oxford Economic Papers，1976，28（02）.

［151］Johnson Harry G. Optimum Welfare and Maximum Revenue Tariffs［J］. The Review of Economic Studies，1954，19（01）：28 – 35.

［152］Kastner，Justin and Powell Douglas. The SPS Agreement：Addressing Historical Factors in Trade Dispute Resolution［J］. Agriculture and Human Values，2002（19）：283 – 292.

［153］Kim C S，A. C. Inkpen. Cross – border R&D Alliances，Absorptive Capacity and Technology Learning［J］. Journal of International Management，2005，11（03）：313 – 329.

［154］Kyung-Ho Lee，Jai S Mah. Institutional Changes and Antidumping Decisions in the United States［J］. Journal of Policy Modeling，2003，25（06）.

[155] Langdon, Frank. Japan – United States Trade Friction: The Reciprocity Issue [J]. Asian Survey, 1983, (05): 653 – 666.

[156] Martin Neil Baily, Barry P. Bosworth. US Manufacturing: Understanding Its Past and Its Potential Future [J]. The Journal of Economic Perspectives, 2014, 28 (01).

[157] Ozawa T. Foreign Direct Investment and Economic Development. [J]. Transnational Corporations, 1992, 1 (01): 27 – 54.

[158] Reynolds, Kara M. Subsidizing Rent Seeking: Antidumping Protection and the Byrd Amendment [J]. Journal of International Economics, 2006, 70 (2): 490 – 502.

[159] Robert A. Mundell. International Trade and Factor Mobility [J]. The American Economic Review, 1957, 47 (03).

[160] Rosyadi S A, Widodo T. Impacts of Donald Trump's Tariff Increase Against China on Global Economy: Global Trade Analysis Project (GTAP) Model [J] Journal of Chinese Economic and Business Studies, 2018, 16 (02): 125 – 145.

[161] Samuelson P. Where Ricardo and Mill Rebut and Confirm Arguments of Mainstream Economists Supporting Globalization [J]. Journal of Economic Perspectives, 2004, 18: 135 – 146.

[162] Sherman, Richard and Eliasson, Johan. Trade Disputes and Nonstate Actors: New Institutional Arrangements and the Privatization of Commercial Diplomacy [J]. Blackwell Journal Compilation, 2006: 473 – 489.

[163] Stern, Robert M. Tariffs and Other Measures off Trade Control · A Survey of Recent Developments [J]. Journal of Economic Literature, 1973, 11 (03): 857 – 888.

[164] Sturm, Daniel M. Product Standards, Trade Disputes, and Protection [J]. Canadian Economics Association, 2006, 39 (02): 564 – 581.

[165] Theresa M. Greaney. Reverse Importing and Asymmetric Trade and FDI: A networks Explanation [J]. Journal of International Economics, 2003,

61（02）.

［166］Yi Lu, Zhigang Tao, Yan Zhang. How Do Exporters Respond to Antidumping Investigations? ［J］. Journal of International Economics, 2013, 91（02）.

［167］Yoshimatsu, Hidetaka. Social Demand, State Capability and Globalization: Japan – China Trade Friction over Safeguards ［J］. The Pacific Review, 2002, 15（03）: 381 – 408.